「被災者のニーズ」と「居住の権利」

22歳が見た、聞いた、考えた

借上復興住宅・問題

市川英恵 著
Ichikawa Hanae
兵庫県震災復興研究センター 編

クリエイツかもがわ
CREATES KAMOGAWA

市川英恵ってどんな人？

一生懸命

まっすぐ

年上にかわいがられる要素をもつ若者

周りを笑顔にしてくれる人

オンとオフのギャップがある女性

阪神・淡路大震災を味わっていながらも、3.11が起きてから
当時の神戸はどうだったのか知りたくなった私たちに、
大学生の市川さんが借上復興住宅問題を教えてくれました。
当時1歳で阪神・淡路大震災のことを知るはずもない市川さんが
たくさんのことを学んだ背景にあるのは、
借上復興住宅の入居者の方々とのつながりです。
市川さんは神戸大学に入学して、
阪神・淡路大震災後にできた災害復興住宅で
ふれあい喫茶を続けているボランティアサークルに入り、
入居者とふれあい、たくさんの方の声を聴きました。
借上復興住宅問題を知ってからは、
当時の契約はどうだったのだろう？ 仕組みは？ と調べ、
卒論にまとめました。
そこに住む方々のことをおもうからです。

人の立場になって考える若者・市川さんの「伝える力」は
私たちの輝く希望です。

22歳が見た、聞いた、考えた「被災者のニーズ」と「居住の権利」 借上復興住宅・問題

contents

市川英恵ってどんな人？　3

prologue　高校時代から大学入学まで　6

その1　私の災害復興住宅との出会い ……… 8

「私は私でいいんだ」居場所との出会い　10
コミュニティをつくるって難しい　12
借上復興住宅問題を知って　18

COLUMN　目を向けるきっかけを
　　　　　寸劇「借り上げ住宅問題〜私の住居(くらし)はどこへ〜」の上演　22

その2　借上復興住宅に入居する人たちに会って ……… 24

借上住宅入居者の方のお話　26
不公平な対応によって生じた住民間の亀裂　27
コミュニティを支えるボランティアを追い出す政策　29
耳を傾けて！　29

COLUMN　バラバラの対応策　宝塚シンポジウムの寸劇より　32

その3　借上復興住宅の正体を調べる！ ……… 36

まだまだ知られていない問題　38
被災地の住宅難　38
事前に期限の説明があったのか　41
民間オーナーの意向　43
東北には借上住宅はあるのか　46

COLUMN　原発避難者のみなし仮設住宅　宝塚シンポジウムの寸劇より　50

その4　借上復興住宅・問題って何だ？ ……… 52

なんで退去させるの？　54
　①目的と現状の乖離　54
　②財政負担　56
知ってほしい！ コミュニティの大切さ、転居の大変さ　57
小さな声を大きくするために　63
目の前の人を助けるためにあるのが政治　65

COLUMN　後輩たちにも知ってもらいたい
　　　　　先輩としてのゲストティーチャー（大学生の感想）　68

その5　被災者の居住の権利って？ ……… 70

暮らしを支えるコミュニティ　73
高齢者の健康と居住福祉　75
被災者の健康と居住福祉　77
COLUMN　高齢被災者の転居と健康問題　82

その6　被災者の住宅の法律と制度について考えた！ ……… 84

被災者一人ひとりのための住宅制度　86
みなし仮設住宅＋災害復興住宅→みなし復興住宅　90
COLUMN　世界の被災者の住宅事情　94

資料　借上復興住宅とみなし仮設住宅　96

epilogue　100

高校時代から大学入学まで

「歩き回っているね〜」とよく言われます。子ども食堂を見学してみたり、シンポジウムに参加してみたり、飲み会に誘われたら断らなかったり……。いろいろなところに行ってみて、いろいろな人に会って、という楽しさを知った私は、それをSNSにアップする楽しさも知り、その更新の多さから「友達」に言われるのです。それはほめ言葉として使われることもあり、「歩き回ってばかりではなくて、もっと勉強もしなさいよ」という意味で言われることもあり、ただどちらにしても今のところ私の特徴の一つであることは確かなようです。

そんな歩き回っている私ですが、高校時代はいわゆる「ガリ勉」でした。今では考えられませんが、休み時間も勉強、家に帰ってもTVなどには見向きもせずに勉強、将来の夢があったわけでもなく、とにかくよい成績をとることにしか興味がありませんでした。特別な何かをもっているわけではないがゆえに、「勉強だけは……」と必死だったのです。ガリ勉ムードを醸し出していたので高校には友達が少なかったし、自分のことしか考えられない自己中な人間でした。

しかし、センター試験は失敗。「今までがんばってきたのだから、ここで妥協してはいけない」と思って受けた前期試験は不合格。「結局私は勉強もできなかった……」。どうでもよくなって、滑り止めで受かっていた私立大学の周辺で一人暮らしをする準備を始めました。でも、センター試験の英語だけは満点に近い点数をとれていました。そこで母が見つけてきてくれたのが神戸大学発達科学部人間

環境学科の後期試験です。センター試験と論述の合計点で判定、そのなかのセンター試験英語の配分が大きかったのです。

　論述は大の苦手でしたが、とりあえず何冊か本を読むことにしました。当時は東北の地震から1年を迎えようとしているころで、「震災」についての本が出てきていました。今思うと本当に恥ずかしいのですが、「3.11」当時の私は勉強のことしか考えていなくて、震災なんてまさに他人事でした。後期試験対策として文章を読むことで被害の大きさを知り、また、第一志望に落ちて自分に無力さを感じていたタイミングもあって、「こんなに大変な状況なら、私にだって何かできるかもしれない」と、大学に入ったらボランティア活動を始めることに決めました。

　発達科学部人間環境学科後期試験の内容は、文章を読んで、①その要約、②「環境」とは何かについての自分の意見、を書くというものでした。大嫌いだった論述ですが、試験当日は人生で初めてすらすらと解答することができました。後期試験までに3.11に関する文章を読んで、広い地域が被災したこと、その多くが第一次産業の盛んな地域であること、よってそれぞれの地域のニーズに合わせた復興計画が必要であることを知りました。これらを「環境」と結び付けて②を解答したということを、受験から5年近く経とうとしている今も覚えています。

　こうして私は神戸大学に入学することになりました。

私の災害復興住宅との出会い

はじめまして、私は市川英恵の分身、ハナえもん！
この本の中では、私、ハナえもんがガイドを担当するよ。
よろしく。

まずは、私がどうやって借上復興住宅問題に出会ったかを紹介するね。

「私は私でいいんだ」居場所との出会い

　大学の門をくぐり、さっそくサークル選びが始まりました。私は「神戸大学灘地域活動センター（N.A.C.）」というサークルに興味をもちました。これは阪神・淡路大震災（以下、大震災）後に避難所[1]や仮設住宅[2]でボランティア活動をしていた先輩たちが集まってできた団体で、活動場所を災害復興住宅[3]（以下、復興住宅）へと移していき、今も毎週土曜日に神戸市内の2か所の復興住宅の集会室で、ふれあい喫茶や戸別訪問の活動を続けているサークルです。

　1.17のとき私は1歳で何も覚えておらず、住んでいたのが姫路市で被害もなかったようなので、大震災には興味をもっていませんでした。1.17がきっかけで始まった活動を同世代の人たちが引き継いでいることに驚きつつ、「毎週東北に行くことはできないし、神戸のボランティア活動で経験したことが東北支援に活かせるかもしれない」と何となく考え、このサークルに関わるようになりました。毎週活動に参加するようになったのは2回生のころからです。

1) 地域の学校の体育館など。
2) 災害救助法で定める応急仮設住宅のこと。主にプレハブ工法で作られます。供与期間は、法律で2年以内となっていますが、延長される場合もあります。阪神・淡路大震災では、5年間でした。
3) 恒久的な住まい。自力で再建できないなど住まいに困る人に、自治体が規定の家賃で貸し出します。阪神・淡路大震災で住宅を失った被災者の多くは、「避難所→仮設住宅→災害復興住宅」と転居を繰り返しました。

参加者のおじいさん、おばあさんに名前を覚えていただいたり、おじいさんが私と話すことを楽しみにしてくださるようになったりすると、私のなかにおける活動の存在が一気に大きくなって、毎週土曜日が待ち遠しく感じられるようになりました。あるおじいさんには活動以外の日にカラオケに誘われ、それがきっかけで私はすっかりカラオケ好きになってしまいました。今でもたまにそのおじいさんとカラオケに行っています。あるおばあさんには私が筆で書いた字を気に入っていただき、「今度は○○って書いてきて」と作品をリクエストしてくださるようになりました。小学生のときに始めた書道は今まで受賞だけを目的に練習していたので、こうして誰かに自分の作品をよろこんでもらえたのは初めてでした。
　ふれあい喫茶はありのままの自分を受け入れてくれる人がいる場所、「私は私でいいんだ」と感じられる場所でした。つまりサークルの活動は、地域の居場所を運営しているというだけではなく、自分自身にとっての居場所ともなっていきました。
　もちろん参加者のみなさんにとっても、大切な場所となっています。十数年続いている活動なので、常連のおばあさんが喫茶に来られていないときには「様子を見てくるわ」と仲良しのおばあさんがインターホンを押しに行ってくださいました。喫茶には笑顔が絶えず、参加者のみなさんが帰られるときに「今日も楽しかったわ〜。いつもありがとうね」と言ってくださると本当にうれしかったです。喫茶には参加されないけれど開催時間を把握されている住民の方が、活動中に「タンスを動かすのを手伝ってくれない？」と訪ねて来られたことがあり、喫茶の存在が「何かあったときに助けてもらえる」というちょっとした安心感を与えていることに気づきました。喫茶のお

N.A.C.が開催するふれあい喫茶
お茶を飲んだりお菓子を食べたりしながら楽しく話をします。

かげで住宅内のおばあさんと周辺地域のおばあさんが友達になり、土曜以外の日に約束をして外出されていたこともありました。

　私は3回生のときにはサークルのリーダーを務めました。いつかは卒業してしまう学生が主体で活動している団体にとって、新入生の獲得は重要課題。勢いよく新入生を活動に誘う様子を「まるで掃除機のよう」と陰で言われていたことを知ったのは、大学卒業時に後輩たちからもらった色紙でした。でも、それくらいN.A.C.は自信をもっておススメできるサークルだったのです。

コミュニティをつくるって難しい

　リーダーの仕事に慣れてきたころ、神戸大学の隣にあるUR団地の職員の方から、「団地の集会室でも喫茶のような活動を始めたいと思っている。手伝ってもらえないか」という依頼がありました。サークルとして関わるのは難しそうだったので、私が個人的に顔を

出してみることにしました。そのUR団地は復興住宅ではありませんが、過去に建て替え工事があり、その際、若い世代を中心に引っ越してしまったそうです。高齢化が進み、自治会は成り立たなくなってコミュニティが希薄になり、集会室はほとんど使われていないとのことでした。私は「N.A.C.のような活動が広がればいいな」と思ってこのUR団地に関わり始めました。

　話し合いをされているURの職員の方、NPO活動をしている方、数名の住民の方たちのなかに私も加わって、集会室で喫茶を開始しました。そこで実感したのはコミュニティをつくることの大変さでした。N.A.C.では、もちろん出会いや別れもありますが、基本的には先輩たちが築いてきたコミュニティを引き継いでいくというのが活動内容でした。コミュニティを一からつくるというのは私にとってUR団地での活動が初めてで、最初の数か月「参加者０人、スタッフのみ」の喫茶は、スタッフ同士の会話がいくら楽しくても、活動の目的を考えるとやはり寂しいものがありました。しかし毎週木曜日に集会室を開け続けていると数名の常連客ができ、その一人であるおじいさんと仲良くなった私は一緒にカラオケにも行き始め、喫茶の存在やそこで生まれた個人的な関係がかけがえのないものとなっていきました。

　スタッフである住民の方たちは、私にお弁当を作ってきてくれたり、「スマホ入れが欲しい」と話していると一週間後に手作りして持ってきてくれたり、まるでお母さんであるかのように私のことをかわいがってくれました。ある活動日、「社会人は大変」という話題になって卒業目前の私が自信をなくしていると、「大丈夫、あなたにはここに３人もお母さんがいるじゃない。いつでも相談にお

いで」と励ましてくださいました。その一言がどんなに頼もしかったことか。涙が出そうになりました。

　また別の活動日、私が「一人暮らしをしたい」と話していると、「ここに住めばいいじゃない!!」と3人のお母さんたちは盛り上がり始めました。その選択肢は私には全くなかったのですが、URの職員の方も「それはいい！」とおっしゃって、私もとにかく一人暮らしを始めたかったので、UR団地に引っ越すことに決めてしまいました。

　鍵渡し当日。喫茶にちょくちょく参加されていた住民の方がくださった冷蔵庫を集会室から運んできて、NPOで活動している方には要らなくなった炊飯器をいただき、3人のお母さんたちは不要になった机やら食器やら物干し竿やらを持ち寄ってくださって、わいわい引っ越し作業が始まりました。「市川ちゃん、栓を開けるよ〜」「冷蔵庫が汚れているわ。重曹持ってくるから待っていて」。布団と衣類だけ実家から運んできてくれた実の両親は、楽しそうに引っ越し作業を手伝ってくださっている喫茶スタッフさんたちの様子に、開いた口が塞がっていませんでした。後日、東北支援で知り合った方が不要な電子レンジと洗濯機を持ってきてくださって、私の新居は暮らせる状態になりました。

　UR団地での活動を通して感じたことは、高齢化が進んでいて災害大国で……という日本では、被災地かどうか、復興住宅かどうかにかかわらず、コミュニティづくりはどこにおいても重要であるということです。

　神戸の復興住宅は、高齢者や障害者が優先的に入居できるような仕組みになっていたため、もともとあったコミュニティがバラバラになってしまったり、高齢者の割合が高くなったりしたと聞いたこ

とがあります。近所付き合いが濃かった地域の一戸建て住宅に対し、集合住宅である復興住宅は「鉄の扉」とも表現されました。そして復興住宅では一人暮らしの孤独死[4]が多く出てしまいました。

コミュニティの大切さは大震災の教訓の一つと言われていますが、復興住宅は日本の課題の一部を凝縮したものと言えるのではないでしょうか。

「遠くの親類より近くの他人」ということわざがありますが、ひと昔前はご近所同士で助け合っていたのでしょう。自分の引っ越しをたくさんの人に協力してもらって、普段からのお付き合いがどれだけ大切か、困ったときに声をかけられる存在がどれだけ頼もしいか、ということを実感しました。非常時だった大震災の救助活動では、生き埋め状態になった多くの人々を助け出したのは近隣住民

仮設・復興住宅での孤独死者数

(「毎日新聞」2017年1月13日付をもとに作成)

---

4) 誰にも看取られることなく、自宅で一人死亡すること。

だったと言われています。普段の生活においても、特に高齢者にとって、何かあったときに声をかけられる存在は、生きていく上での安心だと思います。私は重いものを持てない仲良しのおじいさんから「紙パックのジュースを買ってきて」と頼まれることがあります。おじいさんにとって、自分と同じような年齢の人には頼みにくいことだと思うので、若い世代で気軽に声をかけられる人がいるというのは、もしかしたら一つの安心になっているのかもしれません。

　しかし、自営業が減ったり、共働きが増えたり、集合住宅が立ち並ぶようになったり……といった社会の変化が原因なのでしょうか？ご近所付き合いは昔に比べると希薄になっていると言われています。私自身、隣の部屋の人と話をすることはほとんどありません。一方で「地域包括ケアシステム[5]」が登場し、介護保険サービスの

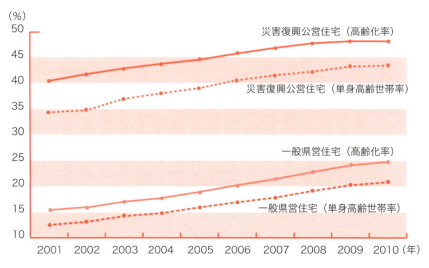

高齢化率と単身高齢世帯率　災害復興公営住宅と一般県営住宅では

（参考：高齢者自立支援専門委員会「復興フォローアッププロジェクト報告」）

一部が新しい総合事業へ移行[6]するなど、日本の医療や介護の分野において「地域の力」が重視されてきているのも事実です。

そこでコミュニティ形成というきっかけづくりが重要になっているのですが、UR団地での活動を通して、コミュニティができるような仕掛けをしても、短期間ではそう上手くいかないと感じました。だからと言ってあきらめるのではなく、コツコツと努力してい

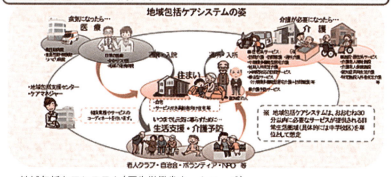

地域包括ケアシステム（厚生労働省ホームページ）

---

5) 厚生労働省においては、2025年（平成37年）をめどに、高齢者の尊厳の保持と自立生活の支援の目的のもとで、可能な限り住み慣れた地域で、自分らしい暮らしを人生の最期まで続けることができるよう、地域の包括的な支援・サービス提供体制（地域包括ケアシステム）の構築を推進しています。（厚生労働省ホームページ）

6) 平成27年度の介護保険制度の改正により、比較的軽度である要支援者の方が利用するサービスのうち訪問介護と通所介護について、国が定める全国一律のサービスから、市町村が地域の実情にあわせて独自の事業として実施する総合事業へ移行することとなりました。総合事業は、地域の実情に応じて、NPOや民間企業、ボランティアなどの多様な主体が参画し、多様なサービスを充実することにより、地域の支え合いの体制づくりを推進し、要支援者等に対する効果的かつ効率的な支援を可能とすることを目指すものです。神戸市では、平成29年4月より、総合事業への移行を開始します。（神戸市ホームページ）

くことが、非常時のためにも普段の暮らしのためにも求められているし、ましてや今あるコミュニティを壊すようなことはあってはならないことです。

借上復興住宅問題を知って

　私はN.A.C.の先輩たちに教えてもらって、借上復興住宅問題について知りました。N.A.C.の活動場所である2か所の復興住宅のうち、片方の住宅は兵庫県が建てた80戸弱の住宅なのですが、もう片方は県営、市営、UR住宅からなる2,000戸ほどの巨大な復興住宅であり、その一部が借上復興住宅となっています。
　ここで借上復興住宅(以下、借上住宅)の概要を説明します。
　1995年1月17日、淡路島北部沖の明石海峡を震源とするマグニチュード7.3の地震が発生しました。避難所として学校等が指定されていましたが、ピーク時には31万人以上という想定を超える避難者が出たことで、多くの人が指定外の公園や民間の建物に身を寄せました。仮設住宅の発注は震災の日から始まり、兵庫県民向けに48,300戸が発注され、神戸市では地震発生3日後から建設が始まりました[7]。約46万世帯が住まいの再建を余儀なくされましたが、当時は被災者生活再建支援法[8]もなく、自力で再建できたのは一定の資力のある層に限定されました[9]。仮設住宅入居者調査等により、被災者には高齢者・低所得者が多く、公営住宅への入居希望が

---
7) 神戸新聞NEXT、http://www.kobe-np.co.jp/rentoku/sinsai/graph/sp/index.shtml
8) 被災者生活再建支援法は、住宅の全壊で最大300万円、大規模半壊で同250万円を支給。半壊は解体しない限り支給対象外。
9) 津久井進「阪神・淡路大震災と借り上げ復興住宅の返還期限」『法律時報』No.1094、日本評論社、2015年、1ページ。

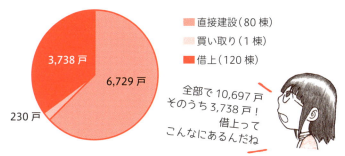

神戸市の災害復興住宅供給実績
（参考：神戸市住宅都市局住宅部「阪神・淡路大震災における災害公営住宅の取組」2014年）

多数であることが判明すると、神戸市は予定していた緊急3か年計画の供給戸数内訳を見直し、復興住宅を6,000戸追加し16,000戸に増やしました[10]。各自治体は短期間に多くの住宅を用意する必要に迫られましたが、都市部では土地や予算の確保が難しい状況でした。そこで被災者に少しでも早く落ち着ける場所を提供するため導入されたのが借上住宅です。大震災で家を失った被災者のために自治体が民間オーナー（URなど）からマンションなどを借り上げ、提供した復興住宅（公営住宅）のことです。一般的に民間住宅は公営住宅より家賃が高額となる場合が多いのですが、被災者が同水準の家賃で住めるように国や自治体が差額を負担し、所得に応じた減免もあります。

　このような経緯で導入された借上方式は「画期的な公営住宅制度」と言われていたのですが、震災から15年経って、やっと落ち着いた2010年5月に表面化したのが借上住宅の20年問題です。

　2010年夏、復興住宅に住む被災者のもとへ神戸市から"お知らせ"が届きました。そこには、借上住宅は震災後に住宅の大量供給

10）神戸市住宅都市局住宅部「阪神・淡路大震災における災害公営住宅の取組」2014年。

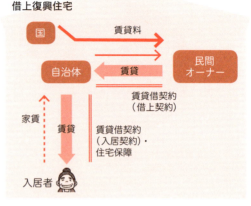

借上復興住宅の仕組み
震災後に住宅の大量供給が必要だったため、自治体が民間オーナー（URなど）からマンションなどを借り上げ、提供した。民間住宅と公営住宅の家賃の差額は国や自治体が負担。

が必要だったため、当初より20年の期間で臨時的に民間から借り上げたものであり、順次借上期間の満了を迎える。返還時には全戸を空き家にする必要があり、入居者には他の市営住宅等へ住み替えてもらう必要がある、と書いてあったのです。この期限について同じように"お知らせ"が届いた他の入居者は「全く知らなかった」「仮設に神戸市の人が何度も説明に来たが、他の公営住宅との違いについて説明はなかった」「20年後の退去を知っていたら応募していない」[11]と話しています。

　N.A.C.の先輩たちは借上住宅の新聞記事などを見つけると、活動前のミーティングで取り上げてくださいました。そのおかげで、各自治体によって借上住宅への対応が異なることを知りました。例えば、兵庫県は第三者機関である「判定委員会」が「①80歳以上 ②

---

11)「神戸新聞」2014年1月12日付。

要介護3以上 ③重度障害 ④その他①〜③に準ずる人」という一定の基準のもと、個別事情に応じて継続入居の可否を判断することになっています。N.A.C.の喫茶に来られたお客さんが「自分は借上住宅の入居者」と話をされることはほとんどありませんでしたが、先輩が訪問した90歳のおばあさんが「住み替えしないといけない」とおっしゃって、それに対して「年齢基準を満たしているからきっと住み続けられる」とアドバイスしたことがあったそうです。

住み替えをあっせんする文書

　私は借上住宅問題についてもっと知りたいと思うようになりました。そこで「灘チャレンジ」という神戸大学生が中心となって開いているお祭りの寸劇企画を担当し、借上住宅問題を取り上げることにしました。台本の執筆にあたっては神戸市会議員と借上住宅入居者の方に取材し、「借り上げ住宅問題〜私の住居はどこへ〜」という寸劇を後輩たちと披露しました。

　取材させていただいた入居者の方は、兵庫県がURから借り上げている住宅に住んでいました。お家に伺って取材したのですが、そこは私がいつも前を歩いているとてもきれいな住宅だったので、「街には建物が並んで復興したように思っていたけれど、こんなに身近なところにも、まだ大震災で苦しんでいる人がいるんだ」と感じました。

目を向けるきっかけを
寸劇「借り上げ住宅問題〜私の住居(くらし)はどこへ〜」の上演

COLUMN

　主人公の服部さんは大震災で家を失い、避難所、仮設住宅からやっと当選した復興住宅へと移り、友達やお医者さんにお世話になりながら暮らしていました。震災から15年経ったある日、市の職員から「服部さんの住んでいる市営住宅は借上住宅と呼ばれるものであり、20年の期限が近づいているので出ていくように」と言われます。服部さんは入居前に期限の説明がなかったことに疑問を抱くとともに、年齢や健康面の点から今住んでいる住宅を出ていくことはできない、もう長生きはしたくない、と通院をやめてしまい……というのが寸劇のあらすじです。服部さんの最後のセリフ「期限までに死んでしまったら、追い出されませんよね……」は、ある新聞記事に載っていた借上住宅入居者の方の言葉を使わせていただきました。私はこの新聞記事を読んで大変ショックだったのを覚えています。政治は市民の安心を守るのも役目だと思うのですが、借上住宅の入居者に対しては「生きることへの不安」を与えているとも言えるのではないでしょうか。

　後輩たちに服部さん役、友達役、お医者さん役、市の職員役、ナレーターをお願いして、演技をしながら借上住宅問題について考えてもらいました。また取材の際、借上住宅の入居者の方は「まずはこの問題について知ってほしい」と話しておられましたが、「灘チャレンジ」というお祭りの場において、気軽に見られる寸劇という手段によって、たくさんの人に発信することができました。

　新聞記者さんが事前に練習風景を記事にしてくださっ

て、それを読んだ借上住宅入居者の方が当日来られ、涙を流しながら寸劇を見てくださいました。若者が目を向けることが少なかった問題だと思うので、そのことをよろこんでくださったのかもしれません。地元のテレビ局も10分弱の特集で取り上げてくださいました。

　借上住宅問題については、たまに新聞記事になっていますが、自分に直接関わりのなさそうな記事には目を向けにくい気がします。この寸劇を見て、借上住宅問題に関心をもって帰ってくださる人が少しでもいたなら…、例えば、今度、新聞で借上住宅問題の記事を見かけたとき「読んでみようかな」と思ってくれる人が増えたなら…、この寸劇を企画した甲斐があったと思います。そして、私たちの周りには気づいていないだけで、困っている人が他にもたくさんいるのかもしれないと、ちょっとでも感じてもらえたなら、さらによかったと思います。

借上復興住宅に入居する人たちに会って

ここではまず、入居者たちが、今、どんな状況に追い込まれているのか？

①
- ヨネさん おはよう
- あら、おはよう
- ヨネさん おはよう
- おばあちゃん おはよう

②
- いやー、震災当時はどうなることかと思ったけど……
- やっとここの生活にも慣れてきたわねー。このままここで余生を……
- ピンポーン
- あら？ 誰かしら？

そして、どんなことが問題になっているのかを見てみよう！

借上住宅入居者の方のお話

　借上住宅の入居者の方から聞いたお話は、このようなものでした。

　「60歳のときに地震で家が全壊して、この住宅に落ち着いたのは震災後5件目ね。避難所で3月末まで生活し、仮設住宅にやっと当選したけれど3年過ぎると出るように言われ、民間のアパートを借りた。震災後、罹災（りさい）証明を持っている人に公営住宅へ入居する権利が与えられたの。この際申し込もうと思い、3回目で当たったわ。

　ここの住宅は『難あり』住宅として案内があった。倍率が少ないと考えて申し込んだら当選した。リフォームしているし、霊がいれば一緒に住めばいいと考えて申し込んだ。それくらいの気持ちでないと入れないくらい住宅難だったの。当たったときはうれしかったね。

　それなのに、3、4年前から『20年たったら出ていけ』と住み替えあっせんの文書が送られてくるようになった。入るときには説明がなかったので普通の県営住宅と思って入居したし、入居許可書にも期限は書かれていない。やっと落ち着けると思っていたので精神的にショックが大きい……。

　住み替え先の空家は近場には少ないし、借上住宅の入居者だけではなく一般の人も応募しているので高倍率。北区などにはたくさん空家があるけれど、長くお世話になっているお医者さんはこの辺りなの。バスも有料になっているので、住み替えてしまうと年金生活者は今のお医者さんには通えない。この住宅から出ていく気はないわ。

　県が建てた復興住宅は建設費もかかるけれど、借上住宅は民間住宅と公営住宅の家賃の差額を負担すればよいだけ。入居者のほとん

どは高齢者なので継続入居の可否を「線引き」せず、あと20年契約を延長してほしい。そうしたら入居者はほとんどいなくなっているでしょう。民間オーナーの多くも契約を継続してほしいと思っているの。

まだ震災の後遺症は残っている。東日本大震災の被災地のためにも、阪神・淡路大震災の被災地をよき前例としなければならないわよね」

期限の書かれていない入居許可書

借上住宅の入居者の方に初めてお会いすることができ、転居先が用意されたら解決するという問題ではなく、「自分の身体のことを一番よく理解してくれているお医者さん」「慣れ親しんだ地域のお店」……が近くにある「この住宅」でないとダメなのだということがわかりました。入居者の方は「出ていく気はない」と言われてはいましたが、不安を隠せない様子もうかがえました。期限の書かれていない入居許可書も見せてくださいました。

不公平な対応によって生じた住民間の亀裂

借上住宅の入居者の会議に参加させていただくと、N.A.C.が「ふれあい喫茶」で活動している復興住宅内にある借上住宅の入居者の方たちにお会いしました。その方たちは「一つの復興住宅内に兵庫

県が建てた住宅、神戸市が建てた住宅、UR団地があるよね。UR団地の一部の部屋を兵庫県が借り上げていて、自分たちはそこに住んでいる。県が建てた住宅の入居者はずっと住み続けられる。県営住宅だと思って入居したのに、県が借り上げた住宅だった自分たちは追い出されようとしているんだ。借上住宅以外の入居者とは温度差があって、会話をしにくい。だから『ふれあい喫茶』も参加しづらいね」とお話ししてくださいました。N.A.C.の活動先の一つである巨大な復興住宅には100人以上の借上住宅入居者がいるのですが、借上住宅の方たちと喫茶でお会いすることがない理由、喫茶に来られているのかもしれないけれど、借上住宅問題についての話をあまり聞くことがない理由の一つがわかったような気がしました。そして同じ被災者なのに、同じように県営住宅だと思って入居した

HAT神戸灘の浜
5～7番館が県営、4.8.9番館が市営、1～3、10～13番館がUR団地。
UR団地の一部の部屋を兵庫県が借り上げています。

のに、たまたま借上住宅だった人だけ退去を迫られるというのは不公平だと感じました。借上住宅の入居者もずっと住み続けられるような政策にすれば、同じ復興住宅内に住む被災者の間に亀裂が生じることはなかったでしょう。

コミュニティを支えるボランティアを追い出す政策

借上住宅のなかで一番最初に期限を迎える、兵庫区のキャナルタウンウェストという住宅の集会室で行われている喫茶にもお邪魔してみました。そこでは継続入居可否の「線引き」によって比較的若い借上住宅の入居者が退去を迫られ、喫茶のボランティアさんが少なくなってしまったとのことでした。ボランティアさんがコミュニティづくりを担って高齢者を支えてくれているのに、そういう人たちを追い出して住宅をさらに高齢化させるというのは、いったい誰にメリットがあるのでしょうか。

耳を傾けて！

これらのように私が借上住宅入居者の方たちにお会いして感じたのは、「20年前の契約がどうだったかにかかわらず、とにかく目の前にいる被災者を助けてほしい」ということです。例えば兵庫県は、私が見せていただいた入居許可書には期限の項目自体がありませんでしたが、入居時に渡した「県営住宅のしおり」で20年期限を説明していると主張しています。そして「軽度障害と要支援2」の状態の「住み続けたい」と話している入居者でさえも追い出そうとして

N.A.C.での活動

います。

　神戸市は、継続入居要件に該当しない入居者で期限後も住み続けている3世帯に対し、住宅の明け渡しと損害賠償を求め、2016年2月16日に裁判を起こしました。3世帯のうちの1人の女性は次第に歩きにくくなる病気にかかっており、近くに住む妹夫婦の手助けを頼りに暮らしています。「ここを離れて生活できない」「市と争いたいわけではない。住み続けるために話し合ってほしい」という声に神戸市は耳を傾けてくれませんでした。

　これらは、コミュニティの大切さを一番理解しているはずの被災自治体がしていることなのです。大震災では多くの方が建物の下敷きになって亡くなりましたが、せっかく助かった命を尊ぶことがなぜできないのでしょうか。

　私は「被災した高齢者を追い出す」というとんでもない問題をたくさんの人に知ってもらいたいです。そしてこれを機に、このような問題を二度と起こさないために、「居住の権利」やコミュニティの重要性を多くの人に認めてもらわなくてはならないと思います。災害、

移動機能障害の程度

重度障害	等級表1級	つたい歩きができないもの
	等級表2級	つたい歩きのみができるもの
中度障害	等級表3級	支持なしで立位を保持し、その後10m歩行することはできるが、椅子から立ち上がる動作または椅子に座る動作ができないもの
	等級表4級	椅子から立ち上がり10m歩行し再び椅子に座る動作に15秒以上かかるもの
軽度障害	等級表5級	椅子から立ち上がり、10m歩行し再び椅子に座る動作は15秒未満でできるが、50cm幅の範囲を直線歩行できないもの
	等級表6級	50cm幅の範囲を直線歩行できるが、足を開き、しゃがみこんで、再び立ち上がる動作ができないもの
	等級表7級	6級以上には該当しないが、下肢に不随意運動・失調等を有するもの

参考：厚生労働省「身体障害者障害程度等級表の解説(身体障害認定基準)について」

要支援・要介護度認定区分 （80％以上の割合で何らかの低下が見られる日常生活能力＊）

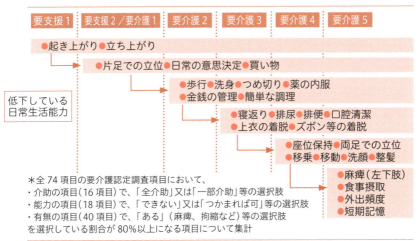

参考：厚生労働省老人保健課「要介護認定の仕組みと手順」

格差……いつ誰がどのような立場に置かれるかわからない社会において、この問題は他人事ではありません。私はこの問題を「大震災の被災者」という一部の人たちだけの問題にはしたくありません。

バラバラの対応策
宝塚シンポジウムの寸劇より

私がパネリストとして参加した宝塚のシンポジウム（「被災者のニーズに合わせた『居住の権利』を求めて」2016.10）では、弁護士の有志による寸劇が上演されました。寸劇ではクライマックスで、大震災の被災自治体によって借上住宅の対応がバラバラであることが描かれていました。同じ被災者なのに、どこの自治体の住宅に住んでいるかによって、住み続けられるのか転居させられるのかが左右されるのです。

例えば宝塚市や伊丹市では、借上住宅の入居者は、年齢や障害の程度にかかわらず全員が住み続けられますが、西宮市では年齢や障害の程度にかかわらず、全員が転居させられることになっています。なお、転居先が当たらなければ「重度障害、要介護3」の方がいる場合、最長5年間は転居が猶予されます。

また、最も多くの借上住宅を抱える神戸市では、借上期限が到来したときに、「①85歳以上[12] ②要介護3以上 ③重度障害」の方は住み続けられるとしていますが、それ以外の方は転居させるという方針です。さらに神戸市は「完全予約制」という仕組みを作っています。これが、入居者の方たちを混乱させてしまっています。

転居先の公営住宅の予約をすれば、次の入居先が当選するまで最大5年間は、今の住宅に住み続けることができるが、神戸市の定めた期間中に予約をしなければ、ここには住めないので明け渡しをしてもらわないといけないし、公営住宅のあっせんも受けられないと説明しています。そのため多く

12）厚生労働省ホームページによると、男性の平均寿命は80.79年、女性の平均寿命は87.05年（平成27年簡易生命表より）となっている。

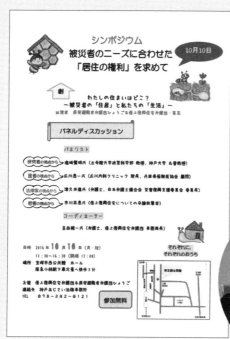

シンポジウム「被災者のニーズに合わせた『居住の権利』を求めて」のチラシ

原発被災者弁護団ひょうご＆借上復興住宅弁護団有志による、劇「わたしの住まいはどこ？～被災者の『住居』と私たちの『生活』～」を上演。

パネルディスカッションのパネリストは、塩崎賢明氏（立命館大学教授）、広川恵一氏（医師）、津久井進氏（弁護士）、市川英恵。コーディネーターは吉田維一氏（弁護士）。

の方は、「公営住宅に住めなくなるのは困る」「少しでも今の住宅に住み続けられるのであれば仕方ない」と考え、申し込みをしているようです。

　さらに、完全予約制を申し込んだ場合には、入居先に当選するまでの間に入居者が85歳になって継続入居要件を満たせば、今の住宅で住み続けることができます。そのため、当たりにくい住居に応募して、当たらないように祈っている高齢の入居者もいるようです。

　他方で、要介護の認定が変わり要介護2以下になれば、継続入居要件を満たさなくなったことになり転居を求められます。健康になると、今の住宅に住むことができなくなり、転居しなければならなくなるのです。本来健康になることはよろこばしいことなのに、それによって転居が必要になるのでは、健康になることを素直に望めなくなってしまいます。神戸市の政策には、

転居によってかえって健康が悪化するのではないか、という点は考慮されていないようです。

　兵庫県は、「判定委員会」を設けて、画一的な基準でもって判定するのではなく、心身の状態、医療・介護福祉サービス利用状況、地域コミュニティへの依存度や関係性など、入居者の実情等も十分に勘案して総合的、弾力的に判定するとしています。これまでの経過を見てみると、概ね「75歳以上、要介護1以上、中度障害」「特定疾患または認知症の治療を受けている場合」に加え、「末期ガンの家族のいる場合」「義務教育中の子どもがいる場合」なども入居継続可能とされています。他方で、「軽度障害と要支援2」の重複認定を受けている方は継続入居可能とはならず、「団地内で単身高齢者への見守り訪問・相談や、ゴミ不法投棄監視など防犯活動を長年に亘って携わっている」方は継続入居可能となっているなど、どのような場合に継続入居が認められるのかも不明です。入居者たちの間に、継続入居が認められる人と認められない人との「線引き」を行っていることは否めないと思います。また、判定委員会では、県の職員が事務局として議論をリードする様子が情報公開で明らかになっていますので、判定委員会が第三者機関として機能しているかについては慎重に見ていく必要があるように思います。

　なお、宝塚のシンポジウム後、尼崎市も兵庫県と同じような対応をとることを決めました。これまで入居して生活を続けてきた方たちの間に、継続入居を認められる人と認められない人との「線引き」を行っていることは、やはり問題であると思います。

バラバラの対応策

入居者年齢／世帯状況	85歳〜	80歳〜84歳	75歳〜79歳	〜74歳
宝塚市 ●継続入居				
	要介護3〜			
	重度障害			
	要介護1.2			
	中度障害			
	要支援1.2			
	軽度障害			
伊丹市 ●継続入居				
	特定疾患の患者のいる世帯			
	認知症の患者のいる世帯			
	義務教育期間中の子どもがいる世帯			
	末期ガン患者のいる世帯			
	要介護者・重度障害者が近隣にいる介護世帯			
	その他の世帯			
兵庫県 ●基準を設定				
	要介護3〜			
	重度障害			
	要介護1.2			
	中度障害			
	要支援1.2			要支援1.2
	軽度障害			軽度障害
	特定疾患の患者のいる世帯			囲んだ3つについては、判定委員会が認めない限り退去
	認知症の患者のいる世帯			
	義務教育期間中の子どもがいる世帯			
	末期ガン患者のいる世帯			
	要介護者・重度障害者が近隣にいる介護世帯			
	その他の世帯			その他の世帯
神戸市 ●基準を設定				
	要介護3〜			
	重度障害			
	要介護1.2			
	中度障害			
	要支援1.2			
	軽度障害			
	特定疾患の患者のいる世帯			
	認知症の患者のいる世帯			
	義務教育期間中の子どもがいる世帯			
	末期ガン患者のいる世帯			
	要介護者・重度障害者が近隣にいる介護世帯			
	その他の世帯			
西宮市 ●全員退去				

借上復興住宅の正体を調べる！

事前通知がなされず、自治体が強引に返還を迫ったことによって、

他にどんな問題が起きているんだろう？
少し視点を変えて見てみよう。

まだまだ知られていない問題

　寸劇の上演などを通して、「借上住宅問題について知らなかった」という人が居住地や世代を問わず多いことを実感しました。その原因の一つとして、まだまだこの問題について知る機会が少ないのではないかと考えました。例えば、東日本大震災の被害を大きくした原発事故についてはたくさんの本が出版されているのに、寸劇の台本を書く際、阪神・淡路大震災の借上住宅問題についての本を探しても見つかりませんでした。そこで借上住宅問題を卒業論文のテーマにして、問題の発信に少しでも貢献することに決めました。卒論執筆にあたっては、入居者の方たちのお話を聴いて疑問に思ったことについても調べていきました。

被災地の住宅難

　借上住宅の入居者の方は「住宅難で、なかなか復興住宅が当たらなかった」と話をされていましたが、どれくらい深刻だったのでしょうか。

被災地の住宅難

	第3次募集	第4次募集	第5次募集
応募のあった住宅の倍率	5.1	3.7	3.2
募集割れ戸数の割合	22%（1,824戸）	25%（4,328戸）	37%（2,630戸）

震災復興の公的賃貸住宅は平均応募倍率が高いものの、郊外部では応募者が募集戸数に達しない団地も出るなど、地域的なばらつきが大きかった。次第に自分の希望に見合った住宅がなくなっていったのがわかる。

（参考：塩崎賢明『住宅復興とコミュニティ』日本経済評論社、2009年、116～117ページ）

復興住宅には仮設住宅居住者から優先的に移転していきました。応募者が募集戸数を超えた場合には抽選で入居者を決めましたが、その際、第1位から第5位までの優先順位が設けられており、高齢者や障害者に有利な配慮がなされました。

　復興住宅への入居から半年以上を経た居住者に対するアンケート調査が1998年に行われています[13]。その結果によると、復興住宅は新しく設備もよいので人気があるのですが、そのなかでもなぜ現在住んでいる団地に入居したのかをみると、「希望の団地の倍率が高そうだったのでこの団地を選んだ」という回答が339件（23.3％）、「早くどこかに落ち着きたかった」という回答が811世帯（55.7％）となっています。半数以上はとりあえず入居できればよいという選択をしたと考えられます。

　このような住宅難に対して借上方式は「画期的な公営住宅制度」と言われました。土地もお金も不足している状況で、被災者の希望する地域にできるだけ早く復興住宅を用意するための、素晴らしい制度だったのです。

　震災で家が倒壊し、避難所、仮設住宅、やっと当たった復興住宅と、転居を繰り返した人はたくさんいます。西宮市の借上住宅に住むある女性は、飼い犬がいたので避難所や仮設住宅には入らず、車中や、全壊し傾いた自宅で寝泊まりしていたそうです。彼女は、今、住んでいる住宅への入居が決まったとき「本当に助かった[14]」という思いでいっぱいになったと話しています。そして優先的に入居させられ

---

13) 塩崎賢明研究室によるアンケート、1998年11月。回収数1,455件（塩崎賢明『住宅復興とコミュニティ』日本経済評論社、2009年、117～150ページ）
14) 兵庫県震災復興研究センター「シンポジウム『借上公営住宅』の強制的退去を考える」2015年、34ページ。

> **借上方式が有効な手段である 3 つの理由**
>
> ①土地取得費、建設費等といった多額の初期投資を必要とせず、効率的な公営住宅の供給が可能。
>   →「初期投資が抑えられる借上方式がなければ、住宅の供給は難しかった」（震災から 6 年間、神戸市住宅部長を務めた職員）
> ②新たな土地の取得が困難な地域でも、民間住宅を借上げることにより公営住宅の供給が可能となる。
>   →被害が大きかった各区に自治体が公営住宅を増やそうとしても、建てるための土地が確保できなかった。
> ③期間を区切った公営住宅の供給が可能となるため、公営住宅の供給量の調整を行なうことが可能。
>   →兵庫県は、災害復興住宅を大量に造ることによる建て替え費用などの将来的な財政負担を懸念して、一部借上方式を導入した。

参考：「既存民間住宅を活用した借上公営住宅の供給の促進に関するガイドライン（案）」国土交通省住宅局住宅総合整備課、2009 年 5 月。「神戸新聞」2014 年 1 月 12 日付。「週刊社会新社会」2015 年 1 月 20 日付。「朝日新聞」2012 年 1 月 15 日付。

た多くの高齢者は復興住宅を"終の棲家"と信じていたに違いありません。当時（1999 年 1 月）の神戸市長は手紙に「この度は、恒久住宅[15]への転居が決まられたとのこと、本当におめでとうございます。長い間、ご不自由をおかけいたしましたので、お喜びもひとしおのことと存じます。」「きっと新しい住居でも多くのお友達を作られ、生活を楽しんでいかれると確信いたします。」「今後も市としましても、残された全ての方が、恒久住宅に落ち着かれますように努めてまいります。」[16] と書いています。

---

15) 十分な耐用性があり、長期間にわたり居住できる住宅を意味している。ここで、神戸市長は期限を明示することなく恒久住宅という言葉を使い、借上住宅を他の復興住宅と同じように生涯の住まいであると認識していた。
16) ひょうご震災復興借上げ住宅協議会、阪神・淡路大震災救援・復興兵庫県民会議「希望者全員の継続入居を求めるシンポジウム　医療・福祉・法律から見た『借上げ住宅』問題」2015 年 10 月、12 ページ。

事前に期限の説明があったのか

　借上住宅の入居者の方はよく「普通の公営住宅（災害復興住宅）だと思って入居した」と話をされますが、実際はどうだったのでしょうか。

　神戸市と入居者との契約にあたる「神戸市営住宅入居許可書」は3種類あり、そのうち最初の数年間使用していた入居許可書432戸には期限の明記がありません[17]。兵庫県、西宮市の入居許可書はどれも期限の項目自体がありませんでした[18]。「神戸市営住宅入居申込案内書（1998年）」のあるページには、「民間借上住宅とは、民間の土地所有者などが建設する賃貸住宅を20年間神戸市が借上げ、公営住宅として供給する住宅です。」とだけ書かれています。

　復興住宅に入居を希望した人には家の再建が難しい高齢者が多かったのであり、分厚い案内書（パンフレット）の一文にこのように書かれているだけで、「出ていかないといけない」ことまで伝わるでしょうか。行政が20年後の退去をていねいに説明した形跡は残っていません。そもそも市長の印が押されているのは入居許可書であり、案内書は法的拘束力をもつものではないはずです。

　神戸市と民間オーナー側との「契約書」には「借上期間終了後の取扱い」が明記され、20年の期限の記載はありました。しかしそれでも入居者と民間オーナーの間で協議すれば継続入居を実現できるのです。例えば神戸市とURとの契約（第4条2項）に「借上住宅入居者が借上満了日若しくは用途廃止日以降も継続して居住するこ

---

17)兵庫県震災復興研究センター『震災研究センター』No.141、2012年、40ページ。
18)「神戸新聞」2014年1月13日付。

期限の説明

県・市など ……………… 民間オーナー
　　　　　　期限記載あり
　　　　　　協議可能

期限記載なし
神戸市 ➡「神戸市営住宅入居許可書」は3種類。そのうち最初の数年間使用していた入居許可書432件には期限の明記なし。
兵庫県、西宮市 ➡ 期限の項目なし。

入居者

とを希望し、かつ、甲（UR）が定める入居資格を有するときは、甲（UR）は、当該者との間で甲（UR）の定める賃貸借契約を締結する」とあり、神戸市住宅供給公社やそれ以外の民間オーナーとも同様の内容になっています[19]。ですから、入居者（当該者）とオーナーが直接契約し、神戸市が家賃を補助すれば、入居者は住み続けることが可能なのです。

　すでに震災から14年が過ぎている2009年12月、神戸市「すまい審議会」の議事録では、募集のなかで住宅が20年の借り上げであることは知らせたが、契約時入居者に対し20年で出ていかないといけないことを伝えることができていなかったと認めています[20]。行政は先の対応が考えられていないまま借上方式を取り入れたのではないのでしょうか。20年後には入居者はいないと望んでいた可能性も考えられます。もしそうだとしたら、これは行政の過失であ

19）兵庫県震災復興研究センター『震災研究センター』No.141、2012年、30ページ。
20）「神戸新聞」2014年1月13日付。

> **職員の証言**
>
> 「とにかく入居してほしい。20年先のことは悪いようにはしない。誠実に対処していく」（当時の神戸市生活再建本部長）
> 「市は当初から退去方針を決めていたわけではなく、あのころはまだ政策の形成過程だった。だから、借上期間を延長する可能性もあった」（当時の神戸市住宅部長）
> 「震災のどさくさで混乱があった（2011年3月当時の神戸市長・矢田立郎氏）」
> 「20年というのはかなり長い。入居者が自主的な対応（転居）をして頂けると思った」（震災時の兵庫県知事・貝原俊民氏）
> 「一刻も早く仮設住宅を解消するのが最大の目的だった。庁内で返還問題を議論したことはないし、明け渡しの義務を入居者に説明していたかといえばノーだ。募集要項に一文書いているからといって契約を強調するのは、当時を知る者としては無理がある」「だから4年前、神戸市が退去方針を打ち出した時は驚いた。ほんまにやるの？、と」（神戸市の元幹部）

参考：兵庫県震災復興研究センター「シンポジウム『借上公営住宅』の強制的退去を考える」2015年、52ページ。「神戸新聞」2014年1月13日付。「朝日新聞」2012年1月15日付。「神戸新聞」2014年1月12日付。

り、それを退去というかたちで入居者に押し付けるのは許されないことだと思います。

民間オーナーの意向

　大半の借上住宅のオーナーであるURは、期間満了を理由に返還を求めるのではなく、各自治体の方針に沿って個別に対応する、一棟借りから戸別借りへの変更にも応じる、との姿勢を示しています[21]。
　UR以外の民間オーナーの意向はどうなのでしょうか。兵庫県の

---

21) 津久井進「阪神・淡路大震災と借り上げ復興住宅の返還期限」『法律時報』日本評論社、2015年、No.1094、2ページ。

借上住宅はすべてURから借り上げているものですが、神戸市はURだけでなく民間個人のオーナー（一部は法人）からも借り上げています。神戸市は、神戸市兵庫区・長田区など、従来市営住宅を多く建設していなかった場所において、特に震災の被害が大きかったことから公営住宅を確保する必要がありました。神戸市は、この区域の地主に声をかけ、「神戸市が借り上げるから、市営住宅の様式に合わせた部屋を備えた建物を建築してもらいたい」と依頼しました。地主の方たちはそれぞれ、「神戸の震災復興に役立つのであれば」「被災者のコミュニティを確保するのであれば」と決意して、35年などの長期のローンを組むなどして、神戸市に言われたとおり、市営住宅として使えるように、民間の賃貸よりも手狭な部屋の建物を建築したのです。

　ところが神戸市は、20年間で建物を返すという方針を採る反面、オーナーの同意を得る前に、先ほどのように「①85歳以上 ②重度障害 ③要介護3以上」という基準を作り、その方たちの住戸だけは借り上げたいとオーナーに告げてしまいました。驚いたのはオー

各自治体の管理状況

	貸主と借り方	返還時期（年度）
兵庫県	URから棟借りまたは戸別借り	2016〜2020
神戸市	UR、公社、その他の民間から棟借りまたは戸別借り	2015〜2023
西宮市	URから棟借り	2015〜2017
伊丹市	民間から棟借りまたは戸別借り	2016
宝塚市	URから棟借り	2017
尼崎市	URから棟借り	2018

参考：「神戸新聞」2015年9月28日付。兵庫県震災復興研究センター『震災研究センター』No.141、2012年、7ページ。

ナーたちです。オーナーのなかには、既に20年以上の歳月がたつなかで、当初建物を建てた方々の子どもたちが相続しているというところもあります。神戸市のために建てた建物であるのに、借りてくれるところと借りてくれないところがあるというのでは、これまで賃貸管理もしたことのない、オーナーを相続した子どもたちも対応に困り果ててしまいました。

　もともと、オーナーには、これまで通り住んでもらってよいと言っていた方がほとんどだったのですが、一部だけ中途半端に返されても困るから、いっそ売却した方がよいと考えるオーナーが続出しました。オーナーも被災者です。市営住宅仕様の部屋で「一般民間住宅」として新たな入居者を募集するのは難しいので、神戸市が借りてくれない部屋が出てくると、オーナーが破たんする可能性が高くなるのです。そのため、「一部だけではなく、全部返還してもらいたい」と神戸市に訴える者も出てきたのです。それを聞いた神戸市は、いったん「①85歳以上 ②要介護3以上 ③重度障害」という継続入居の基準を作ったにもかかわらず、「オーナーの『協力』が得られない」と言って「85歳以上、要介護3以上、重度障害」の方たちを転居させるようになったのです。もともと神戸市が「転居させては問題がある」と判断した方たちは、今、転居先の住宅が決まるまで「待機住宅」に転居させられ、転居先が決まると「待機住宅」から「再度」転居するように「説得」されたりしています。85歳以上の方に二度もの転居はあまりにも酷です。「85歳以上、要介護3以上、重度障害」の入居者の方たちを一喜一憂させる神戸市の対応は、公平なものと言えるのでしょうか。

　神戸市がすべての部屋を引き続き借上住宅として契約する、また

URなどを除く民間個人のオーナーの意向

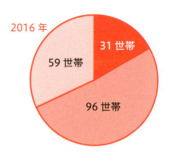

- 契約どおり、必ず返還してほしい
（3人、4住宅、66.5戸）
- 基本的には返還してほしいが、神戸市が必要とするのであれば、引き続き借上市営住宅として契約してもよい
（17人、17住宅、305戸）
- 引き続き、借上市営住宅として契約してほしい
（57人、52住宅、1013.5戸）
- その他
（2人、2住宅、27戸）

- 期限通り返還してほしい
（31世帯）
- 市の再借上げに合意
（96世帯）
- まだわからない
（59世帯）

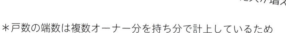

＊戸数の端数は複数オーナー分を持ち分で計上しているため

（参考：兵庫県震災復興研究センター『震災研究センター』No.134、2010年。「神戸新聞NEXT」2016年12月25日付）

は住宅を買い取る、といった対応をとればよいと思います。そうすれば借上住宅の入居者は住み続けられるし、オーナーを裏切ることにもならないでしょう。立地や品質を考えても、需要が高く、買い取る価値のある住宅とも言われています。

東北には借上住宅はあるのか

東日本大震災の被災地（岩手、宮城、福島の3県）では、プレハ

ブ等の建設型仮設住宅よりも、民間住宅を借り上げて仮設住宅として提供する「みなし仮設住宅」が多く提供されました。借上方式の仮設住宅は阪神・淡路大震災の際にも利用されましたが、そのときは例外的な方法でした。これは、被災者が自分が生活することができる地域で見つけてきた民間賃貸住宅を、自治体が仮設住宅として認定し、オーナーと賃貸の契約をして家賃を支払い、最初に2年間という期間を決めて被災者に賃貸するという制度です。自分で居住地を選択できる、プレハブより準備期間が短くて済む、恒久建築であり居住性がよい、というメリットがあり、これについて「災害救助法の弾力的運用によるもので、超巨大災害の対応として適切であった[22]」と評価されています。東日本大震災では、プレハブなどの建設型の仮設住宅の2倍以上のみなし仮設住宅が存在するということですから、みなし仮設住宅は、今後、震災復興の「ポイント」になる制度となっているように思います。熊本地震の被災地でも取り入れられています。阪神・淡路大震災の20倍以上の住宅に被害が出るとも予想されている南海トラフ巨大地震が起きたら、必ず重要になるでしょう。

　みなし仮設住宅は、民間の賃貸住宅を自治体が借り上げ、これを被災者に対して仮設住宅として提供する仕組みに基づく住宅です。民間オーナー、自治体、被災者という三者の関係は借上住宅と全く同じであり、被災者に仮設住宅として貸すか、復興住宅として貸すかが違うだけです。

　東北では復興の遅れ、特に恒久住宅への移り替わりが遅れている

---

[22] 津久井進「阪神・淡路大震災と借り上げ復興住宅の返還期限」『法律時報』No.1094、日本評論社、2016年、3ページ。

「みなし仮設住宅」の仕組み（最初に2年間という期間を決めて被災者に賃貸する制度）

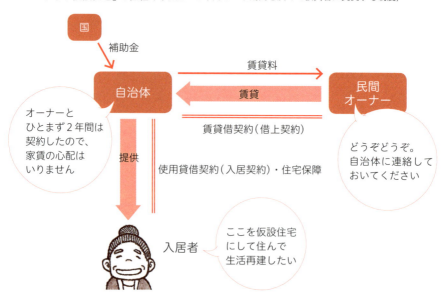

ことが問題となっています。もし、みなし仮設住宅をそのまま借上住宅に切り替えることができれば、復興のスピードは加速します。約20年前は「画期的」であるとされて、供給した公営住宅全体のうち、7,500戸以上[23]にまで取り入れられた借上住宅ですが、今、その被災地で政策の先行きの不透明感が強まっているのをみて、借上住宅導入へと踏み切れない、という可能性があります。借上住宅問題は東北の復興問題でもあり、阪神・淡路大震災の被災地はよき前例となるように政策を改善するべきです。

23）兵庫県震災復興研究センター『震災研究センター』No.141、2012年、7ページ。
24）阪神・淡路大震災の被災地と石巻市のほかに、2007年にあった能登半島地震で、石川県穴水町が15年間の借上契約で12戸を被災者に提供しています。同町は「期限後にどうするかは決まっていないが、入居者には期限を理解してもらっている」としています（「神戸新聞」2016年1月29日付）。

ブ等の建設型仮設住宅よりも、民間住宅を借り上げて仮設住宅として提供する「みなし仮設住宅」が多く提供されました。借上方式の仮設住宅は阪神・淡路大震災の際にも利用されましたが、そのときは例外的な方法でした。これは、被災者が自分が生活することができる地域で見つけてきた民間賃貸住宅を、自治体が仮設住宅として認定し、オーナーと賃貸の契約をして家賃を支払い、最初に２年間という期間を決めて被災者に賃貸するという制度です。自分で居住地を選択できる、プレハブより準備期間が短くて済む、恒久建築であり居住性がよい、というメリットがあり、これについて「災害救助法の弾力的運用によるもので、超巨大災害の対応として適切であった[22]」と評価されています。東日本大震災では、プレハブなどの建設型の仮設住宅の２倍以上のみなし仮設住宅が存在するということですから、みなし仮設住宅は、今後、震災復興の「ポイント」になる制度となっているように思います。熊本地震の被災地でも取り入れられています。阪神・淡路大震災の20倍以上の住宅に被害が出るとも予想されている南海トラフ巨大地震が起きたら、必ず重要になるでしょう。

　みなし仮設住宅は、民間の賃貸住宅を自治体が借り上げ、これを被災者に対して仮設住宅として提供する仕組みに基づく住宅です。民間オーナー、自治体、被災者という三者の関係は借上住宅と全く同じであり、被災者に仮設住宅として貸すか、復興住宅として貸すかが違うだけです。

　東北では復興の遅れ、特に恒久住宅への移り替わりが遅れている

---

[22] 津久井進「阪神・淡路大震災と借り上げ復興住宅の返還期限」『法律時報』No.1094、日本評論社、2016年、3ページ。

「みなし仮設住宅」の仕組み（最初に2年間という期間を決めて被災者に賃貸する制度）

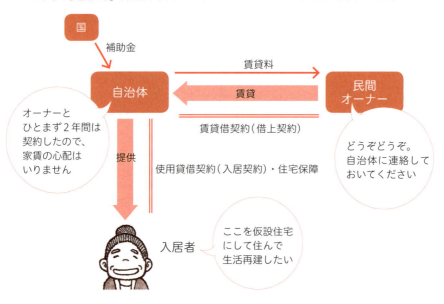

ことが問題となっています。もし、みなし仮設住宅をそのまま借上住宅に切り替えることができれば、復興のスピードは加速します。約20年前は「画期的」であるとされて、供給した公営住宅全体のうち、7,500戸以上[23]にまで取り入れられた借上住宅ですが、今、その被災地で政策の先行きの不透明感が強まっているのをみて、借上住宅導入へと踏み切れない、という可能性があります。借上住宅問題は東北の復興問題でもあり、阪神・淡路大震災の被災地はよき前例となるように政策を改善するべきです。

---

23) 兵庫県震災復興研究センター『震災研究センター』No.141、2012年、7ページ。
24) 阪神・淡路大震災の被災地と石巻市のほかに、2007年にあった能登半島地震で、石川県穴水町が15年間の借上契約で12戸を被災者に提供しています。同町は「期限後にどうするかは決まっていないが、入居者には期限を理解してもらっている」としています（「神戸新聞」2016年1月29日付）。

石巻市では整備を計画する復興住宅のうち、172戸を民間から借り上げており、今後も民間賃貸住宅の住戸部分を戸別に借り上げる方針となっています[24]。既成市街地では瓦礫撤去が続き、内陸の用地では造成に向けた準備を進めている段階のなかで、民間に土地の確保も建設も任せた状態で完成後に借り上げる方式はかなりの即効性があり、被災地で一番早い2013年3月の入居を実現しています。石巻市は初期費用の低減、将来的な過剰ストックの解消などもメリットとして挙げ、阪神・淡路大震災のときと同じ理由で借上方式を取り入れています。また、オーナー側も初期投資に国の補助が入り、資産の効果的な運用が図れます。

　石巻市の担当者は、期限について阪神・淡路大震災の被災地で問題になっていることを知っており、公募の際に20年で転居が必要な点などは説明し、契約書にも書いています。入居契約だけではなく毎年の家賃更新に合わせて本人に知らせることも続けています。20年後の転居費用は市側で負担するために、家賃収入を特定財源としておくことで準備をしているようです。その一方で、期限を設けず「一代限り」の入居を認める借上住宅も用意しています。

原発避難者のみなし仮設住宅
宝塚シンポジウムの寸劇より

宝塚のシンポジウムでは、弁護士の有志による寸劇が上演されたことは先にも紹介しましたが、そのなかでは借上住宅問題だけでなく、東日本大震災の「福島第一原発」の事故で兵庫県をはじめ全国に避難している方々の、「みなし仮設住宅[25]」の問題も取り上げられていました。

今、福島県から避難してみなし仮設住宅に住んでいる人たちには、2011年から期間が延長されてきましたが、ついに2017年3月には、自治体がオーナーとの契約を終了すると決めているため、今の生活を続けることができなくなるという事態に陥っているとのことでした。

福島第一原発の事故を理由に避難している方たちが、みなし仮設住宅を打ち切られてしまうと、自分たちには責任はないにもかかわらず、もとの居住地に帰ったり新しい居住先を探したりするか、今の避難先の住宅で家賃を支払いながら生活しなければなりません。もとの居住地の放射線量がまだまだ高ければ、避難を続けたいと考える人も多いでしょう。

しかし避難者のなかには、仕事の関係でお父さんは残り、お母さんと子どもだけ避難している場合があります。家を建てたばかりのときに原発事故が起き、ローンが残ったまま避難生活を送っている人もいます。これらの人たちが避難生活を続ける場合、避難先の住宅も家賃の支払いが必要になると、住宅についての負担を二重に抱えることになります。避難しなければならなくなったのは事故を起こし

---

25) 全国の都道府県は事故直後から「みなし仮設住宅」を提供している。福島県によれば、打ち切り対象になる県内外の自主避難者は約1万2,000世帯、約3万2,000人に上る。(「東洋経済ONLINE」2017年1月2日)

た方に責任があるのに、被害を受けた側がさらに被害を受け続けることになるのです。

　また、福島第一原発の事故とは別に考えてみても、みなし仮設住宅は無償で提供されており、その点で借上住宅とは違うものの、自治体の意向によって被災者の方が、突如として生活を営んできた場所に住み続けられなくなるという点では同じ問題があります。私はある知り合いの避難者に、「市川さんが取り組んでいる借上住宅問題って、私の住宅問題と関わっているような気がするんだ」と言われたことがあります。これらの制度では、被災者が同じ住居を利用しながら生活を続け、震災から立ち直っていくことができません。住み慣れてきたときに、別の場所で最初から生活をやり直さなければならない今の制度には、何か問題があるのではないかと思いました。

　2016年11月には、兵庫県で避難生活をしていた方々に対して、みなし仮設住宅の無償提供が終了するというニュースがありました。宝塚市はみなし仮設住宅の無償提供継続を発表しました。他方、篠山市は、公営住宅の入居資格がある世帯については、希望があれば、そのまま公営住宅を無償提供するそうですが、兵庫県・神戸市・西宮市はそのような対応はしないようです。再び、たまたま避難した場所が違うという理由だけで、自治体によって対応がバラバラになるのでしょうか。

自治体によって違う支援策

住宅の無償提供	
北海道	2018年3月まで
山　形	2019年3月まで
京　都	入居から6年間
奈　良	2018年3月まで
鳥　取	2019年3月まで
愛　媛	2018年3月まで

家賃補助・転居費補助	
秋　田	転居10万円
山　形	転居5万円
新　潟	2019年3月まで家賃1万円、転居5万円
沖　縄	転居9万円

参考：「毎日新聞」2017年1月6日付

借上復興住宅・問題って何だ？

神戸市内にあるマンションをはじめとして、続々と20年の期限を迎える借上住宅。

西宮市

全員退去

年齢とか身体の状態とか知らん

約束は約束、全員出て行ってください

宝塚市・伊丹市

全員継続入居

安心してください　URと協議をした結果

全戸で入居を継続します

ここでは、それぞれの自治体による対応の違いについて見てみよう。

うわー！自治体によってこんなにも対応が違うんだね

神戸市

① 85歳以上
② 要介護3以上
③ 重度障害者
は継続入居。

え、①②③のどれにも

当てはまらない人は出て行ってください

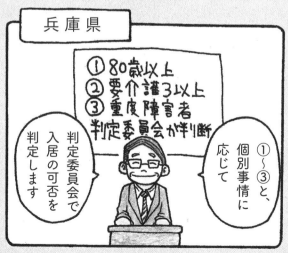

兵庫県

① 80歳以上
② 要介護3以上
③ 重度障害者
判定委員会が判断

①〜③と、個別事情に応じて

判定委員会で入居の可否を判定します

なんで退去させるの？

　借上住宅入居者と県や市が建てた復興住宅入居者との間に不公平があるのはもちろんのことですが、自治体によって借上住宅への対応に差があることも不公平という意見があり、問題になっています。震災後多くの孤独死を目の当たりにし、コミュニティの大切さを一番理解しているはずの被災自治体です。弱い立場にある人に寄りそう政治を実現してほしいと思います。そもそも期限についてのていねいな説明を事前にしていなかったのですから、一般の復興住宅と同じように継続入居できるようにするのが当たり前です。宝塚市・伊丹市が全員継続入居を実現しているのですから、問題はこの2市より戸数が多く財政負担が大きいということだけであって、他の自治体も継続入居実現は可能なのです。

　借上住宅の戸数が一番多い自治体である神戸市は、20年期限を基本とする理由として、①被災していない入居者の割合が増え復興住宅の目的と現状とが乖離している、②財政負担、③民間オーナーのさまざまな意向に沿うと各住宅の入居者間で扱いが異なり不公平、という3点を述べています。

①目的と現状の乖離

　まず神戸市は、借上住宅の入居者が20年間で入れ替わっていることを指摘しています。被災して借上住宅に入居した人が、亡くなったり退去したりして、そこに被災していない人が入ってきているのです。これをもって、被災者への迅速な住宅供給という借上住宅の目的と現在の運用の状況が一致していないことを、各借上住宅

「借上公営住宅」に関する各自治体の方針

	要介護3-5	重度障害	85歳以上	80~84歳 要介護1~2 中度障害	80~84歳 その他	75~79歳 要介護1~2 中度障害	75~79歳 その他	75歳未満 要介護1~2 中度障害	75歳未満 その他	その他(74歳以下)	継続入居の割合(予測)	入居戸数(上段)2014年2月(下段)2016年11月末
宝塚市	継続入居	継続入居	継続入居	継続入居	継続入居	継続入居	継続入居	継続入居	継続入居	10割		30 / 30
伊丹市	継続入居	継続入居	継続入居	継続入居	継続入居	継続入居	継続入居	継続入居	継続入居	10割		39 / 41
兵庫県	継続入居	継続入居	継続入居	判定委員会の判定により継続入居	判定委員会の判定により継続入居	判定委員会の判定により継続入居	判定委員会の判定により継続入居	判定により一部継続入居	判定により一部継続入居	判定により一部継続入居	約6.5割	1,538 / 1,148
神戸市	継続入居	継続入居	継続入居	継続入居	予約制 最大5年の期間中、登録した住宅が空き次第移転	予約制 最大5年の期間中、登録した住宅が空き次第移転	予約制 最大5年の期間中、登録した住宅が空き次第移転	予約制 最大5年の期間中、登録した住宅が空き次第移転	予約制 最大5年の期間中、登録した住宅が空き次第移転	転居	約3.6割	2,227 / 1,472
尼崎市	継続入居	継続入居	継続入居	判定により継続入居	判定により継続入居	判定により継続入居	判定により継続入居	判定により一部継続入居	判定により一部継続入居	判定により一部継続入居	約3割	111 / 92
西宮市	予約制 最大5年の期間中、登録した住宅が空き次第移転	期限内に転居	期限内に転居	期限内に転居	期限内に転居	期限内に転居	期限内に転居	期限内に転居	期限内に転居	期限内に転居	0割	348 / 98
豊中市	期限内に転居	期限内に転居	期限内に転居	期限内に転居	期限内に転居	期限内に転居	期限内に転居	期限内に転居	期限内に転居	期限内に転居	0割	232 / 32

(2016年11月末現在)
(兵庫県震災復興研究センター『震災研究センター』No.163、2017年)

をオーナーに返還していくことの理由の一つとして挙げています。

　しかし、今回の神戸市の方針では、震災で住宅を失った被災者も、継続入居要件を満たさなければ退去しなくてはなりません。それに、被災していない人を入居させたのは神戸市であり、そのことを「目的と現状の乖離」と言うのなら、これは政策の失敗でしょう。そしてその責任を被災者に負わせるのは間違っています。

②財政負担

　先にも述べた通り、一般的に民間住宅は公営住宅より家賃が高額になる場合が多いですが、借上住宅では借り上げた民間住宅を一般公営住宅と同水準の家賃で提供できるように国や自治体が家賃の差額を負担しています。

　各自治体が返還期限後もUR等と再契約し、借上住宅として運用を続ける場合、国は補助を継続すると発表しています。震災特例の補助制度は終了し、国の補助は3分の2から2分の1に減額、残りは各自治体が負担することになりますが、それはつまり自治体の実質負担は6分の1増加するだけということです。

　国の補助は民間住宅と公営住宅との家賃の差額のうち当初の5年間は4分の3、6～20年目は3分の2と高額でした。また、自治体は借上住宅には土地代や建設費などの初期費用がかかっていません。そう考えると、各自治体の借上住宅にかけてきた負担はそこまで大きなものではありません。

　各自治体が、借上住宅に使っている税金額を発表していますが、それらは空室になっている部屋への賃料や、国からの補助金も含めた金額になっています。実際に各自治体が負担する税金額は、神戸市で24億円の3割程度、兵庫県で18億円の3割程度、西宮市で5億円の6割程度ではないかと指摘されています。

　神戸市営住宅会計（2008年）によると、大きく増えているのは修繕費（30.1億円11.8%〈2004年〉から、49.4億円17.2%〈2008年〉）などであり、借上住宅の借上料が市営住宅会計を著しく圧迫しているという分析は筋違いです。

　そもそも公営住宅法の目的にある「生活の安定」「社会福祉の増進」

の実現にとって、希望者が継続入居できるようにすることは不可欠であり、そのために必要なお金は負担するべきです。借上住宅の入居者に退去を迫るのは、公営住宅法の目的を無視していると言えるのではないでしょうか。

知ってほしい！
コミュニティの大切さ、転居の大変さ

　これまで私の体験からコミュニティの大切さを述べてきましたが、過去にコミュニティの変化は人々にどのような影響を及ぼしてきたのでしょうか。

　大震災後の区画整理は個々の住宅を変化させましたが、それに伴うコミュニティの変化が、隣近所との関わりを尺度として調査されています。それによると付き合い消滅の大きさ、つまりどれだけ「引きこもり」状態に変化したかは、住宅・居住地の変化の大きさと比例しています。もちろん近隣の人たちとの付き合いは相手との距離によっても変化し、親しかった人との距離が遠くなるほど「付き合いが減少した、消滅した」という人の割合は多く、「より親しく」なったという割合は少なくなっています[26]。

　これらの結果、兵庫県内の仮設住宅（233人）、復興住宅（962人）における1995年以降の孤独死の総数は1,195人（2016年12月末現在）にのぼりますが、2014年4月に死後約70日たってから発見されたという男性（当時87歳）は、近所付き合いがなかったと言います[27]。

---

26)　塩崎賢明『住宅復興とコミュニティ』日本経済評論社、2009年、59ページ。
27)　「産経新聞」2015年1月9日付。

このようなコミュニティの大切さは大震災の教訓の一つと言われています。神戸市は「東日本大震災の被災地への神戸市支援活動記録誌の中間報告」[28]において「(阪神・淡路大震災の)経験と教訓を生かして」職員派遣等を行い、「被災者の個別支援に加え……地域コミュニティづくりを進めた」と記しています。コミュニティの大切さを一番理解しているはずの被災自治体が、地元でやっとのことで築かれたコミュニティを壊すようなことがあっていいわけがありません。入居者を期限付きの住宅であるといって追い出そうとしていますが、代わりになる住宅が用意されたら済むのではないのです。「住まいは単なる箱ではなく、周囲の人々とのつながり、すなわちコミュニティが備わっていてこそ、人間らしい生活の場となる[29]」のです。

　これに対して神戸市は「コミュニティの重要性は十分認識している」とのことから、完全予約制において同じ住宅に住む世帯がグループで申し込める「グループ申込制」を実施しています。

　もちろん住宅内での人間関係も大切です。しかしコミュニティとはそれだけを指すのではなく、信頼するかかりつけ医や慣れ親しんだ地域の施設など広範にわたります。

　神戸市の借上住宅住替えあっせん実績(2015年12月1日時点)によると、同一区内に移転した世帯数は665世帯中385世帯で、全体の57.9％にとどまっています。この数字から4割強の方が区をまたいだ転居をしたことがわかります。市は追跡調査を行っていませんが、恐らく多くの人がコミュニティを失い、孤独を感じている

---

28) 東日本大震災の被災地への神戸市支援活動記録誌作成調査研究会、2012年1月11日。
29) 塩崎賢明『住宅復興とコミュニティ』日本経済評論社、2009年、58ページ。

神戸市の借上市営住宅　住み替えあっせん実績　　（2015年12月1日時点）

移転先＼移転元	あっせん提示戸数	東灘	灘	中央	兵庫	長田	須磨	北	移転先別計
東灘	161戸	11世帯	11世帯	6世帯	6世帯	6世帯	5世帯	1世帯	46世帯
灘	207戸	4世帯	47世帯	22世帯	16世帯	9世帯	4世帯		102世帯
中央	187戸	1世帯	6世帯	74世帯	21世帯	5世帯	1世帯	1世帯	109世帯
兵庫	166戸			5世帯	84世帯	20世帯	1世帯	2世帯	112世帯
長田	272戸		1世帯	2世帯	41世帯	118世帯	13世帯		175世帯
須磨	185戸	1世帯	1世帯	2世帯	12世帯	15世帯	48世帯	1世帯	80世帯
垂水	130戸		1世帯	1世帯	4世帯	5世帯	2世帯	1世帯	14世帯
北	50戸				3世帯	1世帯		3世帯	7世帯
西	86戸		1世帯		7世帯	7世帯	4世帯		20世帯
移転元別計	1444戸	17世帯	6世帯7	113世帯	194世帯	186世帯	78世帯	10世帯	665世帯

▨部は、同一区内に移転した世帯数　385世帯　57.9％

（第42回借り上げ住宅協議会レジメ、2015年12月）

でしょう。特に一人暮らしの場合、転居によりコミュニティが失われると、孤独死のリスクが高まると予想されます。

　それでは転居先が付近の建物であれば問題ないのでしょうか。

　転居、特に突然のものは、高齢者にとって病気や死亡の引き金になると言われています。歳をとるにつれて視力、聴力などが衰えるのと同様、環境への適応力も後退するのです。今まで住んでいたところから近いといっても新しい住居に慣れるにはストレスを伴い、それが疲労や気持ちの落ち込む原因になることもあります。

　子どもとの同居が幸せとも限りません。高齢者の「幸福度調査」によると、途中から子世帯と同居している人は幸福度が低い傾向があり、理由としては、それまで暮らしていた土地で築いてきたコミュニティを失うのみならず、子世帯の家風に合わせなければなら

高齢者の事故発生場所グラフ

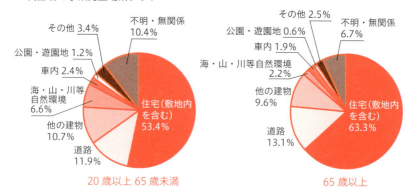

（参考：独立行政法人 国民生活センター
記者説明会資料　2003年度～2007年度集計）

ないストレスが考えられています[30]。

　身体上の危険については、上記のような症状により生活圏が狭くなると、それが筋力低下、転倒につながります。65歳以上の高齢者は、20歳以上65歳未満より住宅（敷地内を含む）でケガをする割合が約1割高くなっているそうです[31]。これは高齢者の方が若い人より自宅で過ごす時間が長いこと、日常の生活行為であっても事故になりやすいことが考えられています。また、事故があった場合に、骨折などの重篤な症状になりやすいのも高齢者の特徴です。

---

30) 上野千鶴子「超高齢時代『おひとりさま』生活のすすめ」「日経ビジネスONLINE」（2009年3月19日付）。http://business.nikkeibp.co.jp/welcome/welcome
html?http%3A%2F%2Fbusiness.nikkeibp.co.jp%2Farticle%2Flife%2F20090317%2F189216%2F

31) 独立行政法人国民生活センター　記者説明会資料「病院危害情報からみた高齢者の家庭内事故」2008年9月4日。

骨折などで一定期間身体をほとんど動かさずにいると体力の低下を招きますが、高齢者はその後の運動によって体力を回復するのが困難です。そしてそれが次の事故を誘発する可能性も高くなります。

また心理・精神的なものと身体はコミュニティや生活圏と相互に関わっており、その変化はうつ状態や認知症を引き起こしやすくしたり、慢性疾患の悪化、臓器障害の進行、疾患の早期発見・対応の遅れ、孤独死といったリスクをもたらしたりします。認知症については人間関係を含めた住居の安定が予防と治療に重要な役割を果たすことが指摘されています[32]。

兵庫県保険医協会の武村義人副理事長（医師）は、特徴的な高齢者の環境変化として「入院」と「喪失」を挙げています。「入院」は傷病による苦痛そのものが大きなストレスになりますが、生活リズム、食事、人的環境等の変化により筋力や意欲活力が低下します。これが抑うつ気分の進行、転倒事故等につながり、最悪の場合、死亡に至ることもあります。「喪失」は大切な人やペットが死亡する、またはいなくなることです。これらも日常生活における会話の減少、孤独感・不安感の増大、それにより体を動かすことが少なくなるというように、心と体の活力を低下させます。武村さんは転居によるストレスについて「入院」「喪失」の合わさったような状態であり、想像以上に大きいものと述べています。

2013年9月に西宮市内の借上住宅から転居した女性（引っ越し時70代）は、引っ越して5日目、荷物を片付けている最中に背骨を圧迫骨折し、その後歩けなくなり入院しました。2015年8月末

---

32) 早川和男『居住福祉社会へ「老い」から住まいを考える』岩波書店、2014年、49〜50ページ。

にシティハイツ西宮北口から転居した女性(引っ越し時、90代)は、数分前の出来事が思い出せなくなるなど認知症の症状が出始めたといいます。同居の息子は「加齢による部分もあるが、引っ越しの話が出てきたころから、ひどくなったと思う」と話しています。外出の機会の減少により、症状が進む可能性もあります。

　このように特に高齢者にとっては転居そのものが死活問題なのです。神戸市は借上住宅問題について、85歳以上といった特に移転が困難な人の入居継続を認めており、「入居者一人一人の御事情を十分に把握し……一層丁寧できめの細かい対応を行い、無理のない住替えと居住の安定を図って」いくためのものであるとしています。しかし、転居に耐えうるかは年齢、介護度、障害の程度だけでは判断できません。要介護度の低い人ほど地域に支えられて生きているという実態もあります。一人ひとりの事情を考慮するなら、年齢等で「線引き」をするべきではないのです。

　兵庫県は原則80歳以上を継続入居の対象としつつ、基準に該当しない人でも地域との関わり、身体状況などを考慮し、「判定委員会」が認めれば継続入居を可能とする方針を明らかにしました。しかし、自発的な転居に比べて非自発的な転居は高齢者の精神的健康に負の影響を生じることが多く、非自発的な転居に至った背景も重要である[33]、という調査報告があるように、借上住宅から追い出されるといったかたちの転居は誰にとっても負担の大きいものであると考えられます。

---

33) 山本健司「高齢者における「転居」が精神的健康にもたらす影響―高齢者の街なか居住への適応に配慮した都市・住宅整備に関する研究―」『日本建築学会計画系論文集』第73巻、2008年、1297ページ。

これらの通り、入居者側にとって借上住宅の継続入居は必要性が高いのです。

　これからの東北はどうなるのでしょうか。石巻市は地方の都市であり、現在の人口推計では20年後には40％近く人口が減ると言われています。それによって、震災で大量供給した復興住宅（借上住宅を除いて4千戸）は多くの空家を抱えることになります。人口減少の流れから考えれば15年から20年後には計画的な統廃合が必要になることも予測されています。そうなれば借上住宅が優先になると思われますが、他の公営住宅でも移転が必要になるかもしれません。人口減少の問題は石巻市だけが抱えているのではありません。住宅問題は、借上方式を取り入れていない他の自治体においても生じる可能性があります。

　自治体にとっては、住民にはまとまって住んでもらった方が好都合でしょう。しかし入居者には、「人口減少により住宅に一人だけ残されるよりは比較的人が住んでいる住宅に移りたい」という意見もあれば、「たとえ住宅内に人がいなくなっても同じ住宅に住み続けたい」という考えもあるかもしれません。自治体に求めたいのは一人ひとりの声を聴く、ということです。東北はその点について阪神・淡路を悪しき前例として見習わず、阪神・淡路は今からでもよき前例となれるよう、希望者全員の継続入居を実現するべきです。

小さな声を大きくするために

　住居の明渡しと損害賠償を求める訴訟を提起した神戸市長・西宮

市長に対する署名集めの活動が行われています。借上住宅入居者の生命・健康とコミュニティを守るため、戸別借りによる継続入居を求める、という内容です。私も「署名を集めているので協力してもらえませんか」と声かけをしており、この一言をきっかけとして多くの人にこの問題についてお話しすることができました。

　もちろん、声をかけた人全員が署名に応じてくれたわけではありません。例えば「これくらいの取り組みで継続入居が実現するわけない。署名するだけ無駄」と言われたことがありました。確かに2016年5月には6千数百人分の署名(その後1万筆超に)がいったん神戸市長宛てに提出されましたが、それによって神戸市長の方針が変わるというようなことはありませんでした。でも署名活動によって一人でも多くの人にこの問題を知ってもらえること、入居者に寄りそう人たちの声が出されることは、とても大きな意味があると私は考えるのです。

　先に集約が始まった神戸市長宛ての署名は、47都道府県すべての地域から署名が集まっています。特に東北や熊本などの被災地からの署名が多いそうです。全国の人々が、わが事と思って神戸市長の対応を疑問に感じているという事実は、きっと入居者にとって心の支えとなったでしょう。私はもしこのまま神戸市長が方針を変えなかったとしても、署名活動が無駄だったとは決して思いません。

　私はSNS上でも署名を呼びかけたり意見を述べたりしていますが、それに対しても「訴訟を提起するのは間違っていない」などいろいろなコメントが書き込まれます。このようなコメントをくださる方は間違った知識をもっている人が多く、私はそれを訂正する返信を書いていきます。意見が違う人と議論をするのは、なかなかエ

ネルギーを使う作業です。でもその過程で、この問題はどこが理解しにくいのか、どこが知られていないのか、に気づかされることがあります。意見が異なる人と話すことで自分の考えを広め、深めることも、大切だと感じます。

目の前の人を助けるためにあるのが政治

　神戸市で一番早く、2016年1月30日に借上期限を迎えるキャナルタウンウェスト1〜3号棟では、継続入居要件に該当しない入居者3世帯が転居を拒んでいます。神戸市は2015年12月25日に退去を求める最終の請求文書を送りましたが、入居者が退去に応じなかったため明け渡し訴訟を起こしました。神戸市の場合、借上住宅の明け渡し訴訟は、家賃滞納の訴訟と同じく市長の専決処分ででき、提訴に市議会の議決は不要となっています。

　また神戸市は、①継続入居要件を満たす人の入居許可を5年以内とする、②期間満了を迎える住宅から退去しない場合は損害賠償を求める、といった内容の「神戸市営住宅条例の一部改正（案）」を出しました。この条例を上程するに際して2015年6月22日〜同年7月21日の期間、意見(パブリックコメント)が募集されました。400通以上750件余の意見が提出されましたが、神戸市はすべて条例案に反対する意見だったことを認めています。それにもかかわらずこれらの意見は全部無視して議決され、2016年1月から施行されました。

　2015年9月30日に期間満了を迎えたシティハイツ西宮北口では、7世帯の住民が「入居契約時に20年の返還期限を知らされていない」

と転居を拒否しましたが、西宮市は住宅の明け渡しと損害賠償を求めて提訴する議案を市議会に提出しました。入居者は西宮市長に対して面談を要望しましたが、市長は「現時点では必要性がない」と拒否する意向を示しました。

　私は借上住宅問題を考えるにあたって、特に市長の判断が大きな影響を及ぼしうることを知りました。いくら署名やパブリックコメントが出されても、市長が考えを改めない限り、政策は変わらない状況なのです。もし若者に直接影響を与える政策に対しても市長がこのような対応だったら……。私が若い人にも借上住宅問題を知ってほしい理由の一つは、世代問わず「もっと市民の声に耳を傾けて」という意識をもつことが必要だと思っているからです。

　ただ、市長を選んだのも市民です。私は借上住宅問題を通して、選挙の大切さを実感しました。期日前でも投票できるのに選挙に行かないというのは、「どの政治家が選ばれてもいい」と言っているのに等しいのです。投票に行かなかったにもかかわらず当選した政治家に不満を漏らすようではつじつまが合いません。過去には国民のほんの数％しかもっていなかった選挙権は、多くの人の努力によって私たちにも与えられました。意思表示の一票を大切にしたいですね。

　2016年7月の参議院選挙の期日前には、多くの政治家が街頭で活動されていました。私は数名の政治家に「入居者の声を載せていますので読んでください」と卒論をお渡ししました。政治家もすべての社会問題を知っているわけではありません。私たちが政治家に要望をしていき、それを適切に政策へ反映してくれそうな人を選挙で選ぶ、という動きが広まればいいなと思います。政治ってちょっ

神戸大学の通学時間に呼びかける。

と怖いイメージがあるけれど、政治を放っておくともっと怖いような気がします。政治には無関心でいられても、無関係ではいられないのです。

　私が借上住宅問題に対して取り組んでいることは、無償で自発的であっても「ボランティア」という言葉で表現されるには違和感があります。私がしていることは、自分たちの暮らしや権利を守るための、「当たり前」の行動だと思っているからです。自分たちの暮らしのなかに、それ（＝自分たちの暮らし）を守るための行動がもっと広がればいいなと感じます。

後輩たちにも知ってもらいたい
先輩としてのゲストティーチャー（大学生の感想）

私は1.17のとき1歳でしたが、一つ下の学年からは阪神・淡路大震災が出生前の出来事という学生が増えていきます。大学進学によって神戸に来ても、きれいな建物の風景からは震災の後遺症は見つけにくいでしょう。私もずっと1.17は過去の出来事としてとらえていたし、まだ復興していないなんて考えたことがありませんでした。

借上住宅問題に対する取り組みについて私にインタビューしている新聞記事を読み、神戸大学附属中等教育学校の先生が連絡をくださって、東北との交流を続けている生徒たちに借上住宅問題についてお話しする機会をいただきました。また、大学のゼミの先生に「大学生にも伝えたい」と相談すると、授業1コマを使ってお話できるよう調整してくださいました。

大学の後輩たちは次のような感想を書いてくれました。

「完全に復興したと正直なところ思っていました。」

「高齢者や低所得者の為につくられたはずの借り上げ住宅が(中略)住んでいた人々が不安にかられるようになったことは悲しいことだし、自治体は無責任だと思いました。」

「強制退去に反対する署名や市民の声もたくさんあるのに神戸市長は退去を推し進めようとしていて、市民の声を無視して市民が納得する市政ができるのか疑問だった。」

「自治体によれば、20年を過ぎてもそのまま住んでも良いとしているところもあると聞いて、余計に自治体は市民と向き合って、直に話を聞くなどして、解決策を考える必要があるだろうと思いました。」

「憲法の規定や法律うんぬんの前に、行政は住民の生活

の実情にあった対応をすべきだと、強く感じた。逆にそのような対応をできるのが、自治体のいいところでもあると思う。」

「他のイベントなどに回すお金があれば、この借上住宅を円満に解決するために用いてほしいと思った。」

「今後このような問題を起こさないためには、市長、市議会を選ぶ段階から気をつけていくこと、つまり選挙や政治に関心をもっていくことが大切になっていくのではないかと思う。そして今の神戸市には住民との対話の機会をしっかりと設けてほしいと感じた。」

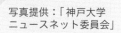

写真提供：「神戸大学ニュースネット委員会」

後輩たちの感想を読んで、しっかり話を聴いてくれたことに感動しました。私は何かの専門家でもないし、神戸に出てきて数年しかたっていません。借上住宅問題に詳しい弁護士や、震災時から被災者支援をしてきた人もいるなかで、私が借上住宅について話してよいのか、と迷いもしました。でも、私にしか話せないことを話そう、と思いました。学生にとっては同世代が話しているからこそ、「他人事」という意識を弱めることができたかもしれません。特に、借上住宅問題に取り組むなかで疑問に感じた政治のあり方については「もっと関心をもたないと」と感じてくれた後輩がいたみたいでよかったです。

本当に困っている人のなかには、声をあげたくてもあげられない人も大勢いると思います。だから、少しでも動ける人が困っている人に代わってできる範囲で声をあげないと、困っている人の声は聞こえなくなってしまいます。私も入居者の声を届けるために自分にできることはしたいと思って、この本を書いています。

被災者の居住の権利って？

借上復興住宅に暮らす本人たちの意思を無視して強制退去をさせられてしまうと、

20年住み慣れた家から急に他の家に変わり、転倒の事故によるケガのリスクが高まる

患者の症状、状況を一番に理解した医師でなくなり、適切な処置を受けられない可能性がある

あのー昨日もらった薬なんですけど…

大丈夫です。前のやつの方がもう少し続けてみましょう

どんな問題が起こることが予想されるだろう。
ちょっと想像してみよう。

高齢者の方にとって住み慣れた住居を離れるということは、心身ともに大きなストレスになるんだね

積み上げてきたコミュニティを失った失望などから

うつ病、認知症のリスクが高まる

これらの理由などから

最悪の場合、孤独死してしまうケースも…

私が借上住宅のシンポジウムなどに参加していると、「居住の権利」という言葉がよく出てきます。これは、「世界人権宣言」や「経済的、社会的及び文化的権利に関する国際規約」（社会権規約）といった国際的なルールに由来しています。世界人権宣言の第25条1項には、「全ての人は、十分な生活水準を保持する権利と生活ができない場合の生活保障を受ける権利がある」と規定されています。社会権規約の第11条には、「相当な食糧、衣類及び住居に関し、相当な生活水準の権利」が認められています。そのなかで住居に対する権利については、十分な住居が保障されているかの要素として、「居住して継続すること」が重要と言われており、特に、「全ての人は、強制退去、嫌がらせ及び他の恐れに対する一定程度の法的保護が保障されていなければならない」と考えられています。

　国が批准した条約は、そのまま国内で法的拘束力をもつと言われています。日本が批准している社会権規約の「住居に対する権利」は、国内の法律や社会保障、社会福祉の各分野で、居住して継続することができる制度が保障されていなければならないと考えられます。裁判所も、「住み続ける権利」を認めており、一定の期間、ある住居に居住している状態を保護しなければならないという考え方を踏襲してきています。借上住宅のように、20年間住み続けてきたという状態も、国内の法律や制度で保護されなくてはならないのではないかと思います。

　また、私たちの日々の健康な生活を支える社会保障の問題は「住居」の問題と関連し合っている、という視点で研究されてきた「居住福祉学」という分野があります。住居を確保することが困難な方に対して良好な居住環境を保障していくことは、社会保障の目的で

ある「生存の基盤」を作ることにつながっているため、重視されなければならないということのようです。例えば、大震災などの災害では、「復興住宅」などの居住環境が維持継続されることが、被災者のケガや病気などの予防に役立ち、その後の健康を維持することができるコミュニティを作っていくことができるという考えです。借上住宅の問題を考えていただくうえでも重要なところだと思いますので、少し、①コミュニティ、②高齢者の健康、③被災者の健康に関する居住福祉の考えを紹介していきたいと思います。

暮らしを支えるコミュニティ

　人の暮らしは、大きく分けて二つの要素によって支えられている、と言える。
　一つは、賃金、社会保障、福祉サービス、医療等々で、……もう一つは、住宅、居住地、地域、都市などの居住環境ストックである……両者はともに生命の維持と生活にとって不可欠の存在である。
　　　　　　　　　（『災害に負けない「居住福祉」』藤原書店、141ページ）

　住生活は"ねぐら"があればよいわけではない。居住の継続、慣れ親しんだまちや村、働く職場、コミュニティによって支えられている。…主婦、高齢者、子どもなど地域に密着して生活する人たちにとって、また定年後のサラリーマンにとっての地域社会の意義は同じである。
　　　　　　　　　（『災害に負けない「居住福祉」』藤原書店、170ページ）

人間の生活は住居だけでなく、日々の生活は商店、診療所、学校、行政機関、郵便局、銀行、公園、交通機関その他の物的な施設によって維持されている。同時に、コミュニティのような目に見えない資源がある。長年住んできた家と町には親しい隣人、顔見知りの商店、身体のことをよく知ってくれている医者、見慣れた風景などがあり、それが日常の会話、相談、たすけあいにつながり、生活の安心感や暮らしを支える。

　　　　　（『災害に負けない「居住福祉」』藤原書店、147〜148ページ）

　近くに往診してくれる医者がいる、車いすで行ける医院や歯科医院がある、美容院や理髪店がある、いつでもすぐ来てくれるヘルパーがいる、デイサービス施設が近くにある、頼めば給食もしてくれる、なにかと助けてくれるコミュニティがある……。要するにハンディキャップがあっても高齢になってもいきいきと生きることのできる住居と居住地が存在しなければならない。

　　　　　　　　　（『居住福祉』岩波新書、9〜10ページ）

　定期借家権は、契約期間がくれば正当な理由がなくても家主が契約の更新を拒否できる。……借家人は数年ごとに引っ越さねばならず、住み続けることで維持されるコミュニティは壊される。

　　　　　　　　（『居住福祉』岩波新書、158〜159ページ）

　住居が生命や暮らしの安全性を守るには、安全な住居とともに居住継続の保障とコミュニティの維持が重要な要件である。転居が心身にあたえる影響は全世代にわたるが、居住期間がながく生

活の地域社会への依存度・密着度が高い人々ほど弊害は大きい。だから転居は高齢者、子ども、主婦などに深刻な影響をあたえることがしばしばある。(『災害に負けない「居住福祉」』藤原書店、41ページ)

このように、居住福祉学では、私たちの命と暮らしは、目に見えない「コミュニティ」というものによって支えられていること、コミュニティが育ち、維持されるためには、引っ越しをさせられず、継続して住み続けられる住居や居住環境の存在が必要であること、と指摘されています。

高齢者の健康と居住福祉

次に高齢者の健康については、居住福祉学ではどのように指摘されているか見てみましょう。

　高齢者の望ましい居住形態として、普通のまちで普通に住むという趣旨の「ノーマライゼーション」が重視され世界の潮流となっている。
　住み慣れたまちとコミュニティの中で人生を継続することが心身の状態を安定させ生きる意欲をもたせ暮らしを支える、という認識からである　　　　　　(『居住福祉』岩波新書、10ページ)

　開業医は往診をするから、住居や生活の状態を目にする。その一方で、患者の疾患を掌握している。両者の関係のわかる立場にいる。　　　　　　　　　　(『居住福祉』岩波新書、58ページ)

住居は私たちの健康に強い影響をあたえている。医師は患者の疾患がどの程度に住居の状態によるものであるか、何がそれらの改善を可能にするかを知る必要がある。開業医は、多かれ少なかれ地域社会の中での住居の状態をよりよく管理することが求められている。医師がもっと住居のことを知るべきであるという最も重要な理由は、医師たちが住居の状態を変えるのに影響を与える位置にいるからである。

　医師は病気を治療するのと同様、健康を促進させる義務がある。医師は他の学問分野とともに、避け得る病気を食いとめる社会政策を提案する責任を共有している

(『居住福祉』岩波新書、81ページ〈英国メディカル・ジャーナル社のステラ・ロウリ副編集長（医師）「住居と健康」〉より)

　在宅福祉を可能にする条件の基本は、①経済的条件＝年金などの所得保障、②高齢者が住めるコミュニティ＝自己決定、自立、自主性のある行動を支える　　　(『居住福祉』岩波新書、89ページ)

　老人を住み慣れた環境から追い立てることは、身体の危険を伴う。とくに突然の引っ越しは、老人の場合に病気と死亡の起爆剤になりかねない。全く新しい環境に慣れるのはストレスを伴い、それが疲労や気持ちの落ち込む原因になることもある。…老人はこのような潜在的な困難や問題を直感的に感じ、自分の住み慣れた家にできるだけ住んでいたいという希望として現れることがよくある。

(『災害に負けない「居住福祉」』藤原書店、42〜43ページ〈『老後はなぜ悲劇なのか？アメリカの老人たちの生活』内藤耕二訳、1991年、メディカルフレンド社〉)

また老人には、住みなれた地域での居住継続自体が福祉の基盤となる。阪神・淡路大震災では、町から遠くはなれた仮設住宅や復興公営住宅で被災者が孤独死や自殺が、震災後16年の今なお続いている。住み慣れたまちを失い、支えあって暮らしてきた隣人から切り離されたことが最大の原因である。

(『災害に負けない「居住福祉」』藤原書店、148ページ)

　このように、特に高齢者にとっては、慣れ親しんだ住居とは、かかりつけの医師と高齢者がつながる環境を提供するものであり、高齢者の健康にとって極めて重要であること、高齢者が住み慣れた環境から追い出されることは、生命・身体に影響を及ぼすことが指摘されています。

被災者の健康と居住福祉

　最後に、被災者の健康について、居住福祉学がどのように指摘しているか見てみましょう。

　被災者は、家をなくし、肉親を失い、大きなショックをうけている。そういうときに必要なのは、これまで一緒に暮らし、助け合い、励ましあってきた隣人である。仮設住宅への入居は抽選で、住んでいる場所とは関係なく、お年寄りから順にバラバラに入居させられた。それが高齢者にとって暮らしにくい環境となった

(『居住福祉』岩波新書、29〜30ページ)

人は希望がなければ生きられない。今苦しくても未来に希望があれば生きられる。だが、仮設住宅の居住者にとっては希望が見えないのである。希望の生まれない最大の理由は、暮らしの根拠地としての住居が定まらないからである。…「絶望は死に至る病である」と言ったのはデンマーク生まれの哲学者キルケゴールであるが、孤独死の原因は絶望にあるといってよいであろう。

（『居住福祉』岩波新書、30ページ）

　阪神・淡路大震災の住宅復興計画が、被災者の救済に役立たず、孤独死が続き、公営住宅ができても山の中であったり、仮設住宅から再びバラバラに移住させられているのも、被災者が住宅復興計画の策定から排除されているからである。

（『居住福祉』岩波新書、171ページ）

　このように、被災者の健康については、特に孤独死との関係で、住居・コミュニティの分断・断絶が影響を及ぼしたことが指摘されています。
　最後に、2000年10月の鳥取県西部地震に対応された片山善博知事（当時）の発言を紹介します。

　「災害復興に当たって何が一番重要かと問われれば、もう迷わず、できる限り元通りにしてあげること、このことに尽きると思います。…災害復興というのは、百年後、二百年後の人のためにするんじゃない。目の前で被害に遭った、今、ここにいる本当に困窮を極めている、泣いている、その一人ひとりのお年寄り、住

民のみなさん、そういう人たちのためにするべきなのです。」
　「人間はどこに行っても、暮らせるとは限らない。必ずしもそうではないのですね。やっぱり住み慣れて安心できる所が、一番必要なんだなと。特にお年寄りにとっては。移転することは、居住環境がガラッと変わることで、人間関係も変わります。それまでの隣近所もなくなります。目に見える生活環境も変わるし、馴染みの商店も、散髪屋だって変わる。そういうことがお年寄りにとって、耐え難いストレスになる。」
（『居住福祉社会へ　「老い」から住まいを考える』岩波書店、131～132ページ）

　神戸市の借上住宅の入居者の方のなかには、震災前から住んでいた住宅が震災で全壊し、震災後に同じ場所に建てられた借上住宅に入居したという方もおられます。20代からずっと暮らし続けてきた80代の方は、神戸市の基準で継続入居できる可能性もあるものの、いつも仲良く交流してきた方々は、今の神戸市の基準では継続入居することができません。80代の入居者の方は、半世紀近くずっと仲良くしてきた方々との交流がなくなるのであれば住み続けても仕方がないと、泣く泣く、神戸市の明渡し手続きにサインしたと言います。これまでお話を聞いてきた他の借上住宅の入居者の方も、住み慣れたこの場所だからこそ安心して生活できると、異口同音におっしゃっていました。借上住宅に継続して入居することとは、まさに、先ほどの社会権規約が指摘する「居住の権利」そのものが問

参考文献
　早川和男『災害に負けない「居住福祉」』2011年、藤原書店
　早川和男『居住福祉』1997年、岩波新書
　早川和男『居住福祉社会へ――「老い」から住まいを考える』2014年、岩波書店

街頭で、借上住宅問題の署名を呼びかける。

われている問題です。どこに住んでいる被災者でも、等しく、復興住宅などで暮らし続けることができなくてはなりません。

　大震災の借上住宅でいえば、暮らし続けることができるように対応をとった宝塚市や伊丹市は「居住の権利」を保障したのですが、西宮市は「居住の権利」を無視したことになりそうです。神戸市や兵庫県は、一部の者について「居住の権利」を保障し、その他の者については「居住の権利」を保障しなかったという不平等・不公平なことを行ったことになるのでしょうか……。

　住居を確保することが困難な方たちへ住居を提供することは、その人たちの生活の基盤を提供するということです。被災自治体には、「かかりつけのお医者さんや介護担当者とのつながり」「近所の人や親族たちとのつながり」「長年にわたって慣れ親しんできた地域とのつながり」といった、「住居」につながっているけれども目には見えない「コミュニティ」というものが発生していること、その「コミュニティ」が住んでいる人たちの生活や健康を支えてい

くこと、そして、そんな「コミュニティ」は、いったん引っ越しをしてしまうと簡単に失われてしまうことを忘れないでもらいたいと思います。

高齢被災者の転居と健康問題

COLUMN

　私が参加したシンポジウムでは、借上住宅付近で開業医をされている広川恵一さんのお話もうかがいましたので紹介します。広川さんは、普段は西宮市で開業医をされていますが、休日には被災地診療活動を続けてこられたお医者さんで、被災者の健康をずっと守ってこられた方です。広川さんは、借上住宅に入居されている高齢の方については、意に反する転居を強いられた場合には、健康に重大な影響を及ぼすことがあると報告されていました。例えば、西宮市の借上住宅に入居されていた90歳の方は、2015年4月に転居し、「肺炎」となり、9月に発熱のため入院されるなど体調を崩されたそうです。

　高齢の入居者は、適応機能や代謝機能が低下し、慢性疾患や臓器の障害を抱え、多くのお薬を服用しているため、かかりつけの病院との連絡・連携は必要不可欠だということと、転居によって診療が困難な状態に置かれてしまうことは高齢の方にとっては生命に関わる問題に発展することを痛感しました。

　また、高齢になると、家で転倒して骨折することも多く、1日でも発見が遅れると深刻な事態に発展するため、80歳以上は最低1日1回の見守りが必要で、そのために日々の交流が極めて重要だと指摘されていました。コミュニティとは、介護し支える人の存在を保障するものでもあります。「コミュニティ」の人と人とのつながりは崩してはならないと指摘されているのを聞き、コミュニティとは、地域で育まれる「わかり合い、支え合う」という関係なのだと思いました。

広川さんは、人々が病気のない状態、つまり、低所得、慢性疾患、社会的孤立、劣悪な住環境といった環境に置かれることなく、介護条件などの満たされた最良の状態に人間を置くということが大事であるとも指摘され

ていました。居住福祉を理解されて診療を実践されている様子が伝わってきて、大変勉強になりました。

望まぬ転居が高齢者の健康に与える影響
…生きる力を損なう具体的な例

①生活基盤―コミュニティの変化―新しい関係に消耗―情報が不十分に
②生活圏→筋力低下→転倒→外傷・骨折・硬膜下血腫→機能低下→生活圏縮小
③心理的反応・うつ状態・うつ病／視力・聴力の障害も関与
④記憶力・判断力・実行機能の力の低下→認知症
⑤慢性疾患の悪化・臓器障害の進行→高血圧・糖尿病・脳梗塞…→臓器不全
⑥疾患の早期発見・対応が遅れる／重症化→脱水・熱中症・肺炎・癌
⑦孤独死のリスク

2015年10月17日施行簡易アンケート結果

	年齢	性	健康	通院	内服	高血圧	糖尿病	膠原性	入院歴	物忘れ	腰痛	膝痛	外出	
1	82	f	悪う	あり	あり	あり	あり	あり	あり	ない	ある	ある	可	※
2	90	f	悪う	あり	あり	あり	あり	あり	あり	無記入	ある	なし	可	※
3	84	f	思わない	あり	あり	なし	なし	なし	ない	ない	ある	ある	可	
4	79	f	悪う	あり	あり	あり	なし	なし	あり	ない	ある	ある	可	※
5	79	f	思わない	あり	あり	あり	なし	なし	あり	ある	ある	ある	可	骨折
6	78	f	思わない	あり	あり	※	※	※	※	※	※	※	可	無記入
7	77	f	思わない	あり	あり	なし	なし	なし	あり	ある	ある	なし	可	難疾患
8	75	f	思わない	あり	あり	なし	あり	なし	あり	ある	なし	なし	可	心筋梗塞
9	75	f	思う	あり	あり	あり	なし	なし	あり	ある	ある	ある	可	
10	73	m	思わない	あり	あり	なし	なし	なし	あり	ある	ある	なし	可	胃潰瘍ほか
11	70	f	思わない	あり	あり	あり	なし	なし	あり	ある	ある	なし	不可	心不全（繊動脈）
12	68	m	思う	あり	あり	なし	なし	なし	あり	ない	ある	なし	可	気胸・前立腺癌
13	67	f	不明	あり	あり	あり	なし	なし	※	ない	ある	ある	可	痔瘻
14	65	m	思う	なし	なし	なし	なし	なし	あり	ない	なし	なし	可	
15	63	f	思う	あり	あり	なし	なし	なし	あり	ある	ある	ある	可	心房細動
	平均年齢		健康と思う	通院	内服	高血圧	糖尿病	膠原性	入院歴	物忘れ	腰痛	膝痛	外出	
	76		7名	14名	15名	12名	5名	3名	11名	7名	9名	8名	14名	／15名中

シンポジウム資料より

被災者の住宅の法律と制度について考えた！

災害発生直後は、緊急に被災者をひとくくりにした対応でよかったのかもしれないけど、

22年たった今、多様な問題を抱える被災者に対して、同じ対応でいいのかな？

一人ひとりが、生きた人間ということを頭に入れて、一人ひとりの多様な問題にあった支援をしていくことが大切なんだね

被災者一人ひとりのための住宅制度

　私が参加したシンポジウムで、弁護士の津久井進さんが、これからの日本の被災者を守るシステムについて話をされていました。

　津久井さんが強調していたのは「被災者一人ひとりを大事にする」ということでした。津久井さんによれば、憲法第13条には、「一人ひとりの違いを大事にする」ということが書かれているということでした。

> 第十三条　個人の尊重、生命・自由・幸福追求の権利の尊重
> すべて国民は、個人として尊重される。生命、自由及び幸福追求に対する国民の権利については、公共の福祉に反しない限り、立法その他の国政の上で、最大の尊重を必要とする。

　考えてみれば、被災者の年齢、性別、家族、居住地域、家屋の損傷状況などはさまざまです。それなのに、今の被災者に対応するシステムは、行政の判断で、避難所を閉鎖し、仮設住宅に入居させ、一定の時期で仮設住宅を閉鎖し、今度は復興住宅へ入居させるというものです。ところが、被災者は、行政が勧めた転居場所では困る場合もあるのです。ここでないと暮らしていけないという被災者の声が、今のシステムには反映されていません。

　災害は、生業としていた暮らしが奪われ、家屋の損壊により住処を失い、生活の基盤を失うことで命の危機が迫ります。津久井さんは、阪神・淡路大震災、東日本大震災、原発事故の教訓は、①被災者一人ひとりの人間復興という視点から、②被災者の住まいと暮らしを重視した政策を進め、③被災者の「人」としての命の重みを大

事にする対応が必要であると話していました。災害発生直後は、行政が認めた「線引き」をした「被災者」対応になるとしても、復興段階に入ったときには、被災者一人ひとりの実情を見ながら、個別の必要性を確認して対応していくことが必要だということです。

　津久井さんは、「一人ひとりが大事にされる災害復興法を作る会」の共同代表もされています。

　「一人ひとりが大事にされる災害復興法」には、いわゆる平時の住宅法（借地借家法・公営住宅法など）の災害対策版である、「災害時の住まいに関する基本法」が考えられるそうです。平時は借上期限が到来すると転居しなくてはならない「借上公営住宅」に、災害時に被災者が入居した場合には、個々の被災者の状況に応じ、借上期限が到来しても、自力で住宅を確保できない場合には借上期限を延長し、住宅を提供する、という規定を盛り込むそうです。行政が延長することをやめた場合に、復興住宅への入居かオーナーとの

一人ひとりが大事にされる災害復興法を作る会ホームページ

直接契約を迫られる「みなし仮設住宅」には、災害時に被災者が入居した場合は、個々の被災者の状況に応じ、借上期限が到来しても、自力で住宅を確保できない場合には、個々の被災者の意向を確認し、借上期限を延長し、住宅を提供する、という規定も盛り込むそうです。

　また、一人ひとりが大事にされる被災者の住まい支援としては、仮設住宅に入居している段階から、復興住宅をどのようにすればよいのかについて、自治体だけではなく、オーナー、不動産業者の団体、不動産業者、引越業者、福祉提供サービス事業者などが話し合い、その被災者にとってどこに住み、どのような生活をすることがよいのか検討し、復興住宅での生活が始まった後も、就労支援センターや福祉提供サービス業者、ボランティア、地域包括支援セン

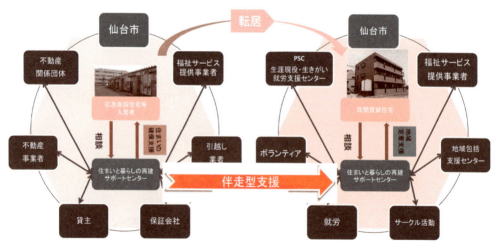

住まいの確保、住まい探しの伴走型支援から、地域資源の開発とコーディネートによる転居先での安定的・継続的な地域生活定着支援まで想定

パーソナルサポートセンターが想定する居住支援イメージ

ターなど、多くの方々が関与する形で、その被災者に対応していくことが予定されているそうです。

　さらに、住まいだけではなく、仕事、病気、介護、借金など、災害によって生じる問題の一つひとつは、被災者によって全く違います。災害直後の対応から、徐々に平時の対応に移行するなかで、それぞれの被災者の抱える問題を把握し、自治体以外にも、多くの専門家がワンストップサービスを提供できるサポート態勢が整えば、被災者一人ひとりが大事にされる災害復興が行われるというのが津久井さんのお話でした。

　現代の社会は、疾病・障害・高齢・低収入・失業・出産・育児など、十分であるかはともかくとして、それぞれの必要に応じた社会保障制度が組み立てられています。それなのに、災害が起きたときだけ、

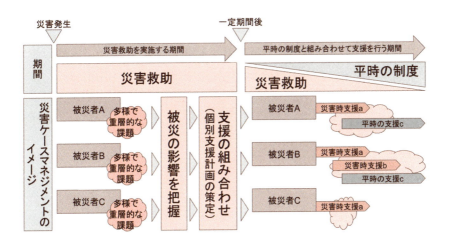

一人ひとりの被災の影響を把握し、平時まで見すえて個別に支援を組み合わせる日本版「災害ケースマネジメント」が必要。

災害ケースマネジメント

被災者の個々の実情を見ることなく、「公平性」という理由で同じ救済しか受けられないというのはなぜなのでしょうか。私は、何か災害のときだけ、「社会保障制度」の時間が止まってしまっているかのような対応になっているように思います。私が、大学生に借上住宅の話をしたときに、ある大学生は、「憲法よりも法律よりも前に大事なものがある」と言っていました。私は、このシンポジウムで、津久井さんの話を聞いて、「憲法よりも法律よりも大事なものがある」と感じた後は、二度と、法律や規則で被災者に十分な対応ができないという悲劇を繰り返さないためにも、「法律を作っていく」ことが大事なのだと感じました。

みなし仮設住宅＋災害復興住宅→みなし復興住宅

また、同じシンポジウムで塩崎賢明さん（立命館大学教授、神戸大学名誉教授）が話されていたことも紹介します。塩崎さんは、都市計画・住宅政策の専門家として、災害時の住宅政策の立場からお

新しい住まいの災害法を

話をされていました。

　借上住宅制度は、災害直後には、住宅を自力で確保できない多くの被災者に、公営住宅の建設を待たずに復興住宅へ入居してもらうことができ、仮設住宅での生活期間を短縮することができる点で有用なのですが、借上期間を経過すると転居を求められることがあります。

　他方、みなし仮設住宅は、自分で選んだ場所で被災後の生活を開始することができますが、仮設住宅という性質上、復興住宅への転居を求められる問題を抱えています。

　「自分で被災後の生活の本拠を選択できる」みなし仮設住宅の利点と、「すぐに復興住宅へ入居できる」借上住宅の利点を活かしながら、共通する「一定期間後の転居」という弊害を解消する住宅政策として、どのようなものがあるのでしょうか。

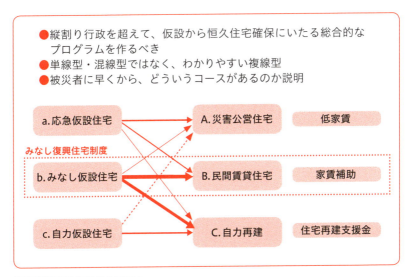

住宅復興の総合的なシステム

塩崎さんは、みなし仮設住宅に入居した後、復興住宅に移行する段階で、被災者の希望によって「みなし仮設住宅」をそのまま「災害復興住宅」として利用する「みなし復興住宅」制度を提案されていました。
　たしかに、この考え方によれば、被災自治体は、災害直後にも、民間市場から必要な住宅を必要なだけ確保することができますから、避難所生活を極力短くすることができます。また、仮設住宅や復興住宅の新たな建設の予算を他の災害復興支援に回すことができます。将来、仮設住宅・復興住宅からの退去者が出て、借り上げた復興住宅が過剰になり、管理に困るということもありません。自治体が、空き住戸の増えた復興住宅の管理に関わり続けるということも回避できます。
　そして、今回のように、他の公営住宅の空き住戸が多いので、引っ越してもらうということにはなりません。借上期限が来たときに借上住宅の転居先を確保するために、一般の公営住宅の募集を制限して、そのときに、住宅が確保できずに困っている人たちが、被災者の転居が終わるまで、ずっと「順番待ち」になることもないのです。もともと、それらの公営住宅は、災害時ではなく、平時に住宅を確保できない方のために必要なものとして区別されているので、考えてみれば、あたり前の話なのですが……。
　被災者にとっては、避難所生活をほとんど送ることなく、「みなし仮設住宅」に入居し、一定の期間はその住宅に住み続けることができますし、「みなし仮設住宅」として選択した住宅での生活を今後も希望する場合は「みなし復興住宅」として、公営住宅の入居資格に該当する限り、公営住宅と同じ家賃で住み続けることができます。

そのため、「みなし復興住宅」は、被災者が公営住宅の入居要件を満たす限り、公営住宅として使える必要があります。最初に、オーナーに説明しておけば、「期限が来た」というだけで追い出す必要もありませんので、借り上げ続けることもできます。

　「みなし復興住宅」のオーナーに対して支払う家賃については、被災自治体は、被災者から支払われる家賃では足りない額を補助することになりますが、建設した場合の土地の取得費、建物の建築費用、修繕・建替等の管理コストに加え、被災者の復興のための適切な住宅とコミュニティなどの環境を提供するという本来の目的も合わせて考えれば、これほどコストパフォーマンスのよい政策はないと思います。

　今回、借上住宅の明け渡しを求めている被災自治体には、自前の建設型の公営住宅に引っ越してもらえば、借上住宅に住み続けてもらうよりもコストがかからないことを強調するところもありますが、20年前に被災者に復興住宅をどうして提供したのか、被災者が自力での再建が困難な場合に公営住宅を提供する目的は何だったのか、といった当初の目的を忘れてはいないでしょうか。時間が経ってしまい、いつの間にか、「とにかくお金」という話にすり替わっていないでしょうか。私は、被災した自治体の使命は、災害に遭った住民の生活を誠意をもって支えることにあるのだと思っています。

世界の被災者の住宅事情

塩崎さんは、イタリアで災害に遭った場合の仮設住宅を紹介してくださいました。世界の仮設住宅って、私たちがイメージするプレハブの「仮設住宅」ではありません。家具も付いた広々とした仮設住宅なんです。こんな仮設住宅だったら、復興住宅に慌てて入居することを決めなくてもよいと思いました。

今、日本では、「みなし仮設住宅」で、自分の住みたい場所で復興への生活を始めることができるようになってきていますが、外国の被災者への住宅支援はさらに先に進んでいることを知りました。

日本は、災害の多い国です。国土は世界の0.25%ですが、世界の地震の20%は日本で起きています（平成18年・平成19年・平成20年・平成21年版『防災白書』図1-1）。日本の借上住宅の問題が、世界中の人たちから驚かれることのないように、二度とこんな悲劇が起きないようにしたいですね。

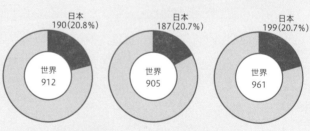

日本は地震多発国
1996年から2008年まで2割以上の地震が日本で起きている（内閣府ホームページ　防災情報ページ　マグニチュード6.0以上の地震回数）

COLUMN

イタリアの仮設住宅の様子

CASE事業によるニュータウン
本設建物、仮設利用。震災後6か月〜1年で完成

「CASE住宅」の内部

60㎡、2LDK、電化製品、家具、食器付き

プレハブ仮設住宅も60㎡、3LDK。庭付き。(モデナ近郊、2015.1)

MAP事業による仮設住宅団地

資料　借上復興住宅とみなし仮設住宅

	借上復興住宅	みなし仮設住宅
1995.1	阪神・淡路大震災発生	
1995.2	仮設住宅入居始まる	
1995.9	西宮市：URからの借上住宅募集入居開始	
1996.5	改正公営住宅法成立 借上公営住宅法制化	
1996.9	神戸市：民間借上住宅（民借賃）募集開始 多くのオーナーが協力依頼を受け建設	
1996.12	兵庫県：URからの借上住宅募集入居開始	
1997.4	伊丹市：民間からの借上住宅募集入居開始	
2000.6	宝塚市：URからの借上住宅募集入居開始	
2000.1	尼崎市：URからの借上住宅入居開始	
2000.1	仮設住宅入居者の復興住宅への入居完了	
2000.3	改正借地借家法施行 借家契約の上限規制撤廃 （民法上の20年制限撤廃）	
2007.1	神戸市すまい審議会：市営住宅のあり方答申 「復興住宅の高齢化率47.8%」 「コミュニティ形成環境整備必要」	
2009.12	神戸市・住宅部長： 「現実的にはかなりの部分は期間延長か、他の手法というのを検討せざるを得ないということは思っています。」と発言	
2010.12	宝塚市：UR借上住宅全員継続入居方針決定	
2011.3		東日本大震災・福島第一原発事故発生

2011.3.19		「民間賃貸住宅、空き家の借り上げにより設置することも差し支えない」 災害救助法の弾力運用の課長通知
2012.4		厚労省がみなし仮設住宅の期間を2年から3年に延長すると決定
2012.6	参議院災害特別委員会：中川正春防災担当相 コミュニティの重要性から、再借上げ、買上げによる継続入居の選択肢も併せて入居者の意向に沿って対策すべきだと発言	
2012.12	神戸市長： 一部の入居者の入居当時の説明に不十分な部分があったことを認める	
2013.1	神戸市・兵庫県・西宮市： 継続入居要件を検討	
	伊丹市：民間借上住宅入居者全員継続入居決定	
2013.2	西宮市： 全員転居方針・「事前予約制」を発表要介護3以上、重度障害者のみを最大5年間転居猶予 継続入居は認めず	
	神戸市： ①要介護3以上 ②重度障害者 ③85歳以上の者 以外の退去方針を発表 ①〜③以外は、移転希望先が空くまで最大5年退去猶予とし、継続入居は認めず	
2013.3	兵庫県： ①80歳以上、②要介護3以上 ③重度障害者、④要介護者 ⑤中度障害者、⑥特定疾患者 ⑦認知症患者、⑧判定委員会が認定した者 以外の継続入居は認めず、退去方針を発表	

2013.4		国がみなし仮設住宅の期間延長は被災県が状況に応じて判断するとの考え方を通知 福島県が期限を15年3月末まで1年延長
2014.5		福島県が期限を16年3月末まで1年延長
2014.6	兵庫県：新たな継続入居要件発表 要介護・障害者・認知症・特定疾患のない 75歳未満の者でも、 ①近隣に介護者がいる場合 ②義務教育中の子どもがいる場合 ③末期ガン患者がいる場合 ④これに準じると判定委員会が認めた場合 に継続入居を認めるが、その他は退去させる方針を発表	
2015.1	阪神・淡路大震災20年	
2015.6		福島県：期限を2017年3月末で打ち切ると発表 低所得世帯に対しては家賃を一定期間補助
2015.9	シティハイツ西宮北口借上期限到来	
2015.12	兵庫県：第1回判定結果発表（2名入居不可）	
	西宮市と弁護団： シティハイツ西宮北口の継続入居交渉（4月に終了）	
2016.1	キャナルタウンウェスト1～3号棟借上期限到来	
2016.2	神戸市：キャナルタウンウェスト1～3号棟の入居者を提訴	東日本大震災・福島第一原発事故発生5年
2016.3	西宮市：シティハイツ西宮北口の入居者を提訴	
2016.4		熊本・大分地震発生
2016.6		熊本市・益城町など、 2年間のみなし仮設住宅を実施

2016.8	兵庫県：第2回判定結果発表(1名入居不可)	
2016.1	キャナルタウンウェスト4・5号棟借上期限到来	
2016.11	神戸市：キャナルタウンウェスト4号棟の入居者を提訴	
2016.12	尼崎市： 要介護・障害者・認知症・特定疾患のない 75歳未満の者でも、 ①近隣に介護者がいる場合 ②義務教育中の子どもがいる場合 ③末期ガン患者がいる場合 ④これに準じると市が認めた場合 に継続入居を認める	宝塚市： みなし仮設住宅の継続発表 他自治体は、特段の措置を講じない状態が続く
2017.3		福島県： みなし仮設住宅・支援打ち切り？

epilogue

　この本を手にとってくださり、ありがとうございます。
　私が本を書くという噂を耳にした借上住宅入居者のみなさん、支援者のみなさん、記者のみなさんが、想像以上に出版をよろこんでくださり驚きました。何の肩書きもない私を頼りにしてくださっていることをありがたく思うとともに、若い世代の支援者を増やせていないことを申し訳なく感じました。でも、だからこそ出版は意義のあることなのだと思い、がんばって本を広めることを決めました。このような機会をくださった兵庫県震災復興研究センター事務局長の出口俊一さん、代表理事の津久井進さんに大変感謝しております。

　2017年1月17日5時46分、私は「阪神・淡路大震災1.17のつどい」に参加していました。朝早くて寒いのに、会場にはたくさんの人が集まっていました。制服姿の学生も多く見られました。「地震を経験していなくても、22年前の出来事に心を寄せている人がこんなにいる。それなら、今助けを求めている被災者がいることを知れば、借上住宅の入居者に心を寄せてくれる人ももっと増えるんじゃないか」と感じました。
　借上住宅問題については「知らない」「難しそう」という人が多いと思います。そういう人にも手にとってもらいやすいように、イラストを入れたいと考えていたところ、大学生の寺田浩晃くんが協

力してくれることになりました。また、株式会社クリエイツかもがわの田島英二さん、伊藤愛さんのご尽力もあり、今までにないような本に完成させることができました。紙面を借りて深くお礼を申し上げます。

　同時に本書は、「ひょうご安全の日推進事業」の助成を受けました。ここに記して感謝を申し上げます。

　この本が、借上住宅の入居者の方たちに心を寄せる人が増えるきっかけの一つとなれば幸いです。

プロフィール

著者● 市川英恵 Ichikawa Hanae

1993年姫路市生まれ。2014年度神戸大学灘地域活動センター（N.A.C.）代表。2016年神戸大学発達科学部人間環境学科卒業。

編者● 兵庫県震災復興研究センター　http://www.shinsaiken.jp/

阪神・淡路大震災（1995年1月17日）の直後の大混乱の中で、いち早く被災者の暮らしの復旧、被災地の復興を目標として、日本科学者会議兵庫支部と兵庫県労働運動総合研究所が共同で個人補償の実施を中心内容とした「震災復興のための提言」を1月29日に国と被災自治体に提出しました。そして、この2つの研究機関を母体に1995年4月22日、兵庫県震災復興研究センター（震災研究センター）を設立しました。
それから22年、震災研究センターは、被災地と被災者の状況を直視して「みんなできりひらこう震災復興」を合言葉に、調査・研究、政策提言（60数本）を重ねるとともに、全国各地の関心のある人々への継続的な情報発信（機関誌『震災研究センター』発行）を続けています。2001年4月から会員制に移行し、現在会員は全国に100人。

マンガ・イラスト　寺田浩晃 Terada Hiroaki

1995年磐田市生まれ。2014年大阪芸術大学キャラクター造形学科入学。東北支援をした際、いっしょに東北へ行ったメンバーの1人が著者の友人だったというつながりから、今回イラストを担当。第19回新世代サンデー賞佳作受賞。

22歳が見た、聞いた、考えた
「被災者のニーズ」と「居住の権利」
借上復興住宅・問題

2017年3月17日　初版発行

著　者　Ⓒ市川英恵
編　者　兵庫県震災復興研究センター

発行者　田島英二
発行所　株式会社　クリエイツかもがわ
〒601-8382 京都市南区吉祥院石原上川原町21
電話 075(661)5741　　FAX 075(693)6605
ホームページ　http://www.creates-k.co.jp
メール　info@creates-k.co.jp
郵便振替 00990-7-150584

装　丁　菅田　亮
印刷所　モリモト印刷株式会社

ISBN978-4-86342-205-6 C0036　printed in japan

阪神・淡路大震災の経験と教訓から学ぶ
塩崎賢明・西川榮一・出口俊一　兵庫県震災復興研究センター／編

大震災15年と復興の備え
- "復興災害"を繰り返さない

生活・経済基盤、人とのつながりを回復させる「人間復興」と今後の備えを提言。　1200円

世界と日本の災害復興ガイド
- 行政・学校・企業の防災担当者必携　2000円

災害復興ガイド　日本と世界の経験に学ぶ
- 復旧・復興の有用な情報満載。　2000円

大震災10年と災害列島
- あらゆる角度から災害への備えるべき課題を網羅。　2200円

大震災100の教訓
- 大震災の教訓は生かされているか。　2200円

LESSONS FROM THE GREAT HANSHIN EARTHQUAKE
〈英語版〉大震災100の教訓　1800円

震災復興関連書

- 阪神・淡路大震災の経験と記憶を語り継ぐ

被災地での生活と医療と看護　避けられる死をなくすために
兵庫県保険医協会／協会　芦屋支部／編著　1500円

- 大地震・大火・戦争・テロ・暴動など大災害の回復過程から考える！

リジリエント・シティ　現代都市はいかに災害から回復するのか？
ローレンス・J・ベイル　トーマス・J・カンパネラ／編著　山崎義人・田中正人・田口太郎・室崎千重／訳

東日本大震災の復興、大地震、大災害からの備えに大きな示唆を与える。　2400円

- 災害復興の使命・任務は、目の前の被災者を救うこと！

災害復興とそのミッション　復興と憲法　片山善博・津久井進／著　2200円

増永理彦／著　団地3部作

マンション再生　二つの"老い"への挑戦　1600円
建物の「経年劣化」と居住者の「高齢化」、2つの"老い"への対応が再生のカギ。「住み続ける」「リニューアル」「参加する」のマンション再生3原則と住み続けるための支援の充実を提起。

UR団地の公的な再生と活用
高齢者と子育て居住支援をミッションに

都市再生機構民営化の危機に対して、これまでの役割や問題点を拾い出しながら、高齢者・子育ての居住支援を重点に、地域社会づくりに活用するしくみを提起。　2000円

団地再生　公団住宅に住み続ける
- まだまだ住める公団住宅!!　リニューアルで住み続ける　2200円

＊本体価格表示

震災復興・原発震災提言シリーズ

地域・自治体の復興行財政・経済社会の課題 ❽
東日本大震災・岩手の軌跡から
桒田但馬／著　　　　　　　　　　　　　　　　　　　　　　　2800円
「経済成長型・惨事便乗型の創造復興」ではなく、「人間（住民）・地域本位の復興」を重視。

巨大災害と医療・社会保障を考える ❼
阪神・淡路大震災、東日本大震災、津波、原発震災の経験から
兵庫県保険医協会／編
避けられる死をなくすために。大震災、津波、原発震災の経験と記憶を語り継ぐ。　1800円

大震災20年と復興災害 ❻
塩崎賢明・西川榮一・出口俊一　兵庫県震災復興研究センター／編
●復興に名を借りた新たな開発事業は「復興災害」である
多様なニーズを捉え、的確に対応できる「復興の仕組みづくり」こそが必要。　2200円

士業・専門家の災害復興支援 ❺
1・17の経験、3・11の取り組み、南海等への備え
阪神・淡路まちづくり支援機構付属研究会／編
1・17の経験、3・11支援の取り組みから、予測される巨大地震・災害に備える！　2200円

東日本大震災 復興の正義と倫理 ❹
検証と提言50
塩崎賢明・西川榮一・出口俊一　兵庫県震災復興研究センター／編
復興プロセスに正義や為政者に倫理があるのかを鋭く問う！　2200円

「災害救助法」徹底活用 ❸
津久井進・出口俊一・永井幸寿・田中健一／著　兵庫県震災復興研究センター／編
災害救助法を徹底的、最大限に活用して災害に直面した人々のいのちと生活を守る！
　2000円

ワンパック専門家相談隊、東日本被災地を行く ❷
士業・学者による復興支援の手引き
阪神・淡路まちづくり支援機構付属研究会／編
災害支援・復興まちづくりの専門家ネットワーク（支援機構）を全国各地に！　1000円

東日本大震災 復興への道 ❶
神戸からの提言
塩崎賢明・西川榮一・出口俊一　兵庫県震災復興研究センター／編
長引く東日本の「震災復興」「原発震災」におくる提言。　1800円

＊本体価格表示